本专著获得东莞城市学院校级重大科研培育项目（项目编号：2021YZDYB01R)资助

# 董事会领导力、公司治理
# 与企业绩效评估

DONGSHIHUI LINGDAOLI GONGSI ZHILI YU QIYE JIXIAO PINGGU

江义火　郭小梅　著

中国财经出版传媒集团

经济科学出版社
Economic Science Press

**图书在版编目（CIP）数据**

董事会领导力、公司治理与企业绩效评估/江义火，
郭小梅著．--北京：经济科学出版社，2022.4
ISBN 978-7-5218-3617-2

Ⅰ.①董… Ⅱ.①江…②郭… Ⅲ.①公司-董事会
-研究 Ⅳ.①F276.6

中国版本图书馆 CIP 数据核字（2022）第 063114 号

责任编辑：胡成洁
责任校对：孙　晨
责任印制：范　艳

**董事会领导力、公司治理与企业绩效评估**

江义火　郭小梅　著

经济科学出版社出版、发行　新华书店经销

社址：北京市海淀区阜成路甲 28 号　邮编：100142
经管中心电话：010-88191335　发行部电话：010-88191522
网址：www.esp.com.cn
电子邮箱：expcxy@126.com
天猫网店：经济科学出版社旗舰店
网址：http://jjkxcbs.tmall.com
北京季蜂印刷有限公司印装
710×1000　16 开　12 印张　230000 字
2022 年 5 月第 1 版　2022 年 5 月第 1 次印刷
ISBN 978-7-5218-3617-2　定价：56.00 元
（图书出现印装问题，本社负责调换。电话：010-88191510）
（版权所有　侵权必究　打击盗版　举报热线：010-88191661
QQ：2242791300　营销中心电话：010-88191537
电子邮箱：dbts@esp.com.cn）

# 前　言

现代企业制度下，董事会在公司治理中发挥着越来越重要的作用，董事会领导力是公司内部治理的核心机制之一，对企业绩效评估有很大影响，一个运作良好的董事会能够提高公司的管理效率进而大大提高公司绩效。与西方理论界相比，我国在此研究方面的深度和广度都略显不足，因此，笔者借鉴经济学、管理学发展的最新研究成果和不同领域的实践经验，对董事会领导力、公司治理与企业绩效评估进行研究。

本书一共分为六章。第一章分别对董事会领导力、公司治理和企业绩效评估的相关理论基础、研究现状进行评述。第二章对董事会领导力与公司治理的制衡关系和评估进行阐述，对职业化董事会领导力结构进行构建。第三章分析董事会领导力与企业绩效评估的机理，并构建异质性董事会领导力模型。第四章则是公司治理与企业绩效评估的评析和展望。第五章呈现了董事会领导力、公司治理与企业绩效评估之间关系的具体案例。最后一章为本书结论。

董事会的领导力与企业绩效有着密切联系，直接关系公司利益和股东利益，已经成为公司治理关注的重点之一。董事会领导力的提升有助于提高公司治理水平，增强企业风险识别、监控和规避的能力，从而提升公司绩效。

# 目  录

# 第一章　董事会领导力、公司治理与企业绩效评估概述

# 第一节　相关研究综述

## 一、董事会与董事

### （一）董事的概念及分类

董事会（board of directors）是随着现代公司制企业的出现与发展而不断完善的，从概念上说，董事会是代表公司行使其法人财产权的会议体机构，由股东大会选举产生的董事组成。根据《中华人民共和国公司法》（以下简称《公司法》）的规定，董事会是有限责任公司和股份公司股东大会的执行机构，要对股东大会负责，董事长为公司的法定代表人。董事是对内管理公司事务、对外代表公司同第三方进行交易活动的法定的、必备的业务执行人员，是董事会的成员。从职能上讲，董事是具体实施董事会所做决定的公司业务执行人员；从设置的强制性角度来讲，董事是依据相关法律法规必须设置的，并参与董事会的各种活动。按照董事的来源和本书研究需要，把董事划分为内部执行董事、股东董事（不包括内部执行董事）和外部独立董事。

内部执行董事是指既是公司的雇员，如担任公司高管职务，同时又是公司董事会成员的董事。内部执行董事一般是公司的全职职工，能够方便地参加董事会举行的各种会议，通常又把他们称为常委董事。出席董事会会议是内部执行董事的义务。各个公司都有一条不成文的规定，即内部董事不得因为参加董事会活动而领取额外的薪金，这与外部独立董事是不同的，根据这一点，又可以把内部董事定义为在本企业正式领取薪金的董事。

股东董事是指由股东派出的、在董事会中担任董事的职位，他们既是股东也是董事会成员，本身是公司的所有者，拥有公司股份，一般只代表大股东或较大股东的利益，与大股东存在着利益或社会关系的关联。股东董事为了保护其作为投资人的权益，会积极参与决策控制过程，监督执行董事以及其他管理人员的行为。

独立董事是相对于内部董事而言的，是指不在公司中担任除董事以外的其他职务，而且与公司没有任何可能严重影响其做出独立判断的交易或关系的董事。简而言之，就是指独立的外部董事。他们应具备两个基本特征：非公司雇员、与公司无任何直接或间接的利益关系。独立董事最大的特点是"独立性"，体现在以下五个方面：经济独立、人格独立、业务独立、利益独立和运作独立。

### （二）董事会的特征

董事会是由股东大会选举且不少于法定代表人数的董事所组成的公司最高决策机关，通过决策和事前、事中监督，最大限度地维护包括股东在内的公司利益相关者的利益。董事会职责行使的质量直接影响着公司的绩效。因此，国内外许多学者研究了董事会的种种特征，分析了这些特征对于公司绩效的影响。我国学者赖建清等把董事会特征分为董事会规模、董事会构成（包括外部董事与内部董事）、领导结构、董事会会议频率。李常青（2004）指出，董事会特征主要包括董事会构成、董事会规模、董事会领导结构、董事会会议情况以及董事会成员持股情况等。

何为董事会特征，大多数学者都以列举的形式给出，却很少给出其确切的解释；还有的学者出于做实证研究的缘故，只承认那些可以用数字量化的变量为董事会特征，而忽视了那些不可量化的定性特征。虽然很多国内外的实证研究集中考虑几个变量，但我们也不能将其看作董事会的全部特征，因为一些不可量化的指标也应归于其特征。吴明礼等（2008）认为，董事会特征是上市公司在遵循法律的前提下区别于其他公司的特点，它排除了由制度所决定的各个上市公司董事会所共有的特点。它包括董事会结构、董事会行为特征、激励特征、稳定性特征（包括董事会成员变化、董事会规模的变化等）、董事会多元化特征、透明度特征（包括治理进程的公开化等）、年龄与知识结构等。

### （三）董事会的作用——公司治理的核心

董事会在理论上是用于解决委托代理问题的一种经济制度安排，董事会的基本责任是对管理层实施监管，一个具有高度代表性的董事会必须防止大股东侵吞公司资产、损害小股东利益。董事会治理是在公司治理的基础上，围绕公司内部制定及维护契约关系、保证管理协调和追求相关利益最大化等，为全面提高董事会决策水平、监督能力所进行的机制设计和制度安排。董事会治理的主旨是科学决策和有效监督，关键是董事会决策与监督机制的建设。一般说来，董事会要履行下述四项基本职责：制定战略，制定政策，监督和控制管理层，承担责任。其中，前两项可归为一类，通常被视作董事会要对企业的成功负责；后两项可归为一类，通常被视作董事会要对管理层负责，保证公司行为符合股东和其他相关者的利益。其中，对股东负责是董事会最重要的职责之一。

董事会最重要的工作是挑选首席执行官并决定其任期。董事会通过选择和任命首席执行官来监督和控制经理人员，这样做既能影响公司的短期业绩又能影响公司的长期发展。一个好的首席执行官的任命能挽救一个公司，改善公司的经营绩效；相反，任命不当则会给股东、雇员和客户带来巨大损失。选择和任命首席执行官既然如此重要，董事会就必须牢牢掌握选择和任命权。

**（四）董事会的制度安排**

董事会是由股东大会选举数名董事所组成的公司决策机关，是所有权和公司治理之间最重要的连接点，是公司治理赖以发生的场所。董事会由董事所组成，其职能的发挥自然是与董事的素质、能力，以及不同身份的董事在董事会所占的比例等有关。

我国《公司法》对董事会结构的要求是上市公司董事会由5～19人组成，设置董事长1人，可以设副董事长1～2人。董事长和副董事长由公司董事担任，由全体董事的过半数选举产生和罢免。同时，上市公司董事中应当至少有1/3的独立董事。针对上市公司董事会的治理，《上市公司治理准则》强调了董事的诚信与勤勉义务，要求上市公司必须明确董事会的主要职责，建立规范的董事会聘选程序，完善董事会的构成，规范董事长的兼职，建立独立董事制度，设立董事会专门委员会。

目前世界各国所实行的公司治理结构制度的理论依据是委托代理理论，即股东按持有股份的多少选举出董事会，将其资产委托给董事会管理，董事会再选择总经理，将资产委托给总经理负责。股东公司实际上是"资合"公司，这就决定了资产及其拥有者在股份公司治理结构所追求的目标自然而然地就是股东利益最大化，也就是追求资本增值的最大化。

一般来讲，一个公司的董事会对公司的经营管理活动承担着最终的责任，包括聘用和解雇首席执行官、监控和评估公司的经营业绩、致力于公司的经营业务和财务计划过程、提供咨询和建议、评价公司的发展战略。在实际操作中，董事会对公司绩效的影响主要通过经理层提供建议、顾问和积极参与公司经营管理战略方针的制定过程来实现。从微观管理的角度讲，董事会对公司绩效的影响手段还包括对公司战略实施过程的控制。这可以通过董事会对于公司经营管理的事前控制体现出来，例如对重大经营决策（如重大投资、兼并、收购等）进行参与、审查和批准，决定经理人员的聘用等；或者是事中控制，例如参与公司经营管理的战略实施；还体现在事后控制上，例如根据公司绩效的实现情况决定经理人员的替换与奖励等。随着现代公司制度的发展以及对公司治理结构的深入认识，董事会在制定公司长期发展战略以及经营管理中决策的作用越来越大，成为股东大会无法干预的独立权力机关。

由于董事会在公司治理绩效中所处的中心地位，因而提高董事会的质量就成了建立有效公司治理的核心任务，也是影响公司绩效的重要因素之一。

当然，董事会对公司治理绩效的也有消极作用。根据委托代理理论，董事会是股东的代理人，代表股东利益，要尽到信托义务、注意义务和忠实义务。董事会是降低代理成本的重要机构，但是，这种代理关系使得董事会与其委托人——股东之间也出现了代理成本。董事会成员的机会主义倾向使他们不可能完全按照股东利益最大化的目标进行决策。此外，在现实经济生活中，经理层经常采取各种手段来控制董事会。这样，董事会对经理层的约束机制就会被破坏，甚至出现董事会和经理"合作"的情况，损害公司与股东的利益，使公司的经营决策与公司的绩效和长期战略相背离。

### （五）董事会的运作

经济合作与发展组织（OECD）的"公司治理原则"、美国商业圆桌会议等均对董事会的运作做出明确规定。韩国《公司治理最佳实务准则》指出，董事会应当合理、高效运转，以实现公司和股东的利益最大化为目标；董事会的运行效率在于董事会的职责履行和目标的实现，这涉及董事会会议次数、会议记录、实施细则以及参会董事比例。董事会会议是董事履行义务以及各相关者利益发生冲突与妥协的主要场所。在董事会中，来自不同方面、具有不同利益取向和文化背景的利益相关者代表通过参与董事会会议，实现对各方利益的保护。因此董事会会议质量对董事会运作效率起着至关重要的作用。衡量董事会会议质量的指标主要有董事会会议年度召开次数、出席董事会会议董事比例以及董事会会议记录等。

## 二、领导力

领导力（leadership）指在管辖范围内充分地利用人力和客观条件，在达成目前的前提下，以最小的成本提高整个团体的办事效率的能力。比较常见的领导力开发方法包括领导力提升培训、EMBA 及 EDP 项目等。领导力与组织发展密不可分，因此常常将领导力和组织发展放在一起，衍生出了更具实战意义的课程——领导力与组织发展。

领导力心理学是以心理学为基础、以管理应用为实践、以组织实验为依托，塑造管理者领导魅力的学科，其重新审视管理者的误区，突破管理瓶颈，改善管理氛围，培养管理工作中让别人说"是"的能力——让否定、拒绝、抵抗、放弃变成认同、接纳、支持、执行，应用于领导、管理、沟通、团队、策划、营销等诸多领域。

领导力在领导系统中是一个根本性、战略性的范畴，是领导者凭借其个人素质的综合作用在一定条件下对特定个人或组织所产生的人格凝聚力和感召力，是保持组织卓越成长和可持续发展的重要驱动力。在当今时代，领导力已经成为综合领导能力不可缺少的构成因素之一。由于领导力对组织运转有着巨大影响力，各国研究者对于领导力进行了大量的研究，产生了多种相关理论。

（1）变革型领导力。变革型领导力具有强适应性、高可塑性、强灵活性等特点，它能够使团队及企业在快速变化、具有高不确定性的经济环境中更高效地生存与发展。虽然变革型领导力的研究已经开展了 20 多年。但在概念、结构、研究方法、研究方向等方面存在一定的局限性和有待发展的空间。杨凯、马剑虹（2010）认为变革型领导力并不属于领导行为理论，因为变革型领导力中最核心的是魅力领导，是很难用行为来描述的，很难通过培训达到显著改善的效果。变革型领导力是一种对于领导力的有效分类，它通过对领导的风格、上下级间的互动模式等方面的不同进行了分类，它其实与特质理论、行为理论和权变理论不在同一个维度上。

（2）愿景型领导力。贝马斯和纳努斯（Bemais and Nanus）总结出变革型组织中领导者常用的四种策略，与贝斯（Bass）的理论相比较，该理论的重点不在于领导者对追随者的关怀与支持，而强调领导者本身如何在了解员工的前提下建立组织共同奋斗的愿景，因此被命名为愿景型领导理论。该理论阐释了愿景型领导者的有效行为和重要特质，还用大量篇幅描述他们所担当的"组织设计师"角色，指出领导者行为不仅旨在激发追随者动机，还出于构建组织文化的目的。

（3）安全领导力。杜学胜（2010）等人对企业安全领导力研究进行了总结。根据一般的领导力概念，引申得到安全领导力的概念，即安全领导力（safety leadership）是某个人指引和影响其他个人或群体，在完成组织任务时，实现安全目标的活动过程。对于企业安全生产来讲，安全领导和安全管理是互为补充、不可缺少的。安全管理决定了企业安全管理系统的实施和运行，而安全领导力则决定了企业安全文化的形成和发展。

费尔南德斯 – 穆尼兹（Fernández-Muñiz, 2014）进一步将安全领导力扩展为领导通过展现高标准道德行为成为下属的行为榜样，鼓励下属挑战组织规范以及认识到他们的独特需求和能力，从而影响下属安全行为的过程。

滕尔越等（2018）关注领导与下属的交互过程，认为安全领导力来自上司的示范作用，是领导通过提供安全支持以及树立榜样对下属施加影响，并在此过程中促使其完成组织安全任务。

本书参照吴聪智（2008）的研究，认为安全领导力有 3 个组成要素，即安全指导、安全关怀和安全控制，安全指导和安全关怀属于变革型领导力范畴，而安全控制则表现为交易型领导力的特征。安全指导是指领导者的模范带头作用，安全关怀是指领导者对下属的尊重和信任，而安全控制是指领导者制定安全规则、纠正违章行为以及注重安全绩效。

（4）无形领导力。在西方，"无形领导"一般包含共同的驱动目标、个体成员对目标的崇高信仰和感情投入、汇聚集体力量的人力资源、超越个人利益的意愿等方面的含义。贺善侃（2016）从领导力的构成、本质和实施途径出发，在拓展"无形领导"含义的基础上，从"无形领导力"这一角度对领导力给出一些新的阐释。贺善侃认为无形领导力作为一种文化力，构成领导力的灵魂，决定着决策力和执行力；作为一种影响力，体现领导力的实质；作为一种领导魅力，是实施领导力的有效通道。

## 三、公司治理

对于公司治理的内涵，学术界最具有代表性的观点有以下几种。

（1）公司治理是由所有者、董事会和公司高级经理人员组成的一种组织结构，在这种组织结构中，上述三者形成一定的制衡关系：所有者委托董事会托管自己的资产，董事会聘任高级经理人员，高级经理人员在董事会的授权之内管理企业。

（2）公司治理是法律、文化和制度安排，这些安排决定了公司的目标和行为，以及在公司众多的利益相关者中，由谁来控制公司、怎样控制、风险和收益如何分配等一系列制度安排。

（3）公司治理包括董事和董事会的思维方式理论和做法。它涉及的是董事会和股东、高层管理部门、审计员以及其他利益相关者的关系。这种定义说明，公司治理是现代公司行使权力的过程。

（4）公司治理是借以委托董事，使之具有指导公司业务的责任和义务的一种制度，是以责任和制度为基础的。一种有效的公司治理制度应提供能够规制董事义务的机制，以防止董事滥用手中的权力，确保他们能够为公司的最佳利益服务。

## 四、公司绩效的含义及评价

### （一）公司绩效和公司绩效评价的含义

绩效也称为业绩，它反映了人们从事某一活动所取得的成绩或成果。而"公司绩效"综合反映了公司经营活动的成效，是公司在一定时期内利用其有限资源从事经营活动所取得的成果，是公司管理层工作效率的主要体现。

公司绩效评价是指运用数理统计和运筹学方法，采用特定的指标体系，对照统一的标准，按照一定的程序，对公司一定经营期间的经营效益做出客观、公正和准确的综合评判，具体包括盈利水平、财务效益、风险能力、市场表现和发展能力等方面。公司绩效评价是公司管理的重要内容，公司经营的成就，管理者、职工是否得到奖惩，市场投资者的态度等，都需要依据公司绩效评价的结果来评判。

### （二）公司绩效评价的方法

1. 杜邦财务分析

杜邦财务分析评价体系是由美国杜邦公司创造的财务分析方法。该体系是一种分解财务比率的方法，从评价企业绩效最具综合性和代表性的净资产收益率指标出发，利用各主要财务比率指标间的内在有机联系，对企业财务状况及经济效益进行综合、系统的分析评价，其以净资产收益率为龙头，以净资产利润率和权益乘数为核心，重点揭示企业获利能力及权益乘数对净资产收益率的影响，以及各相关指标间的相互作用关系。同时该体系层层分解至企业最基本生产要素的使用、成本与费用的构成和企业风险，揭示指标变动的原因和趋势，满足经营者通过财务分析进行绩效评价需要，在经营目标发生异动时能及时查明原因并加以修正，为企业经营决策和投资决策指明方向。该体系摆脱了指标的表面比较，但从企业绩效评价的角度来看，杜邦分析法只涉及财务方面的信息，不能全面反映企业的实力，有很大的局限性，如对短期财务结果过分重视，无法解决无形资产的估值问题，所以在实际运用中必须结合企业的其他信息加以分析。

2. 经济增加值评价法

经济增加值（economic value added）又称 EVA 指标，由斯特恩·斯图尔特（Stern Stewart）公司于 20 世纪 90 年代初提出，该指标是对公司剩余收益进行适当调整后的经济价值指标。EVA 可以被定义为：公司经过调整的营业净利润减去该公司现有资产经济价值的机会成本后的余额。

EVA 实质上是所有成本被扣除后的剩余收入，是一种真正意义上的"经济利润"，如果公司的经营收入在扣除所有成本和费用后仍然有剩余，则 EVA 为正，股东就是这部分剩余收入的所有者。因此，当 EVA 为正时，股东价值随公司价值的增加而上升；反之，股东价值随公司价值减少而降低。可见，EVA 系统可以提供一个以价值为基础的、可以用于对企业的经营战略与资本项目进行评价、制定经理人业绩目标、对经理人的业绩进行计量并作为支付薪酬依据的业绩指标，该系统提供了一个包含财务会计、管理会计和公司估价理论在内的统一财务框架。

3. 单一财务指标的评价方法

单一财务指标评价设计简单，意义明确，没有烦琐的计算步骤，至今仍被人们大量使用，成为公司绩效评价中最简单实用的评价方法。每股收益、资产收益率、净资产收益率、托宾 Q 值、资产负债率、资产周转率等是常用的财务指标。其实公司经营活动的好坏往往都可以从会计报表上的数据加以反映，财务数据本身就是对公司经营绩效的评价。每股收益是指本期净利润与本期发行在外的普通股总数的比值，它是测定股票投资价值的重要指标之一，该比率反映了每股创造的税后净利润，比率越高，表明所创造的税后净利润越多。资产收益率是企业净利率与平均资产总额的百分比，表明企业资产利用的综合效果，该比率高，表明资产的利用效率高，说明企业在增加收入和节约资金使用等方面取得了良好的效果。投资报酬率作为监控资产管理和经营策略有效性的工具，其反映了投资的有效性。但单一指标难以满足对公司绩效的全面评价和判断的要求，所以本书不采用单一指标进行绩效评价。

## 第二节　理论基础及现状分析

### 一、问题的提出

我们把一个剩余控制权与剩余索取权相分离的企业看作一个市场，一个企业家才能与股东利益之间进行交易的市场，在这个市场中，董事会的勤勉、高效和忠诚是极其稀缺的。根据理性经济人的假设，董事会也有其行为的目标函数，而这个函数能否与股东的函数相一致，就决定了董事会的治理效果。如果两者不符，董事会行为也会偏离股东价值，造成新的委托代理问题，甚至当董事会的目标函数与管理层一致而与股东不一致的时候，董事会和管理层会联合起来损害股东利益，加重委托代理问题的复杂性。委托人和代理人可通过各种契约来明确代理人应当为委托人利益而勤勉、高效和忠诚工作，委托人提供相应的社会资源，履行相应的义务。双方根据契约各取所需，各自贡献自己所拥有的资源（资金和企业家才能），结成合作关系。企业契约的内容实际上是人们互动的一种社会关系，它已经超出了纯粹的利益交换。

在理想的情况下，委托人与代理人之间签订了契约，明确了各方权利与义务，双方按照合同各行其是，企业会良性发展，市场业绩增长，企业价值增加，委托人获得相应的投资收益，代理人获得薪酬和名誉等收益。但是实际上，在企业经营过程中，双方合作关系并不一定如契约规定那样发展，而是逐步偏离，且更多地偏向有实际控制权的一方（多数情况下是掌握企业经营关键资源的管理层），其主要的原因是委托人与代理人所签的契约具有不完备性。外部环境的复杂性和未来事物发展方向与状态的不确定性，与行为人的有限理性和机会主义倾向产生了冲突，导致了交易契约的不完备性。各方在签订契约的时候不可能知道对方是否完全履行义务，更不能预料未来将要发生的事情，并在契约中给予明确。在市场经济中，行为各方只能将能预见和控制的内容写在契约中，未来的事件只能随着事件出现或可预见时，再重新给予约定。

不完备契约在不确定性因素的影响下，加之不完备信息和人的有限理性的推动，使公司治理期望与实际产生偏差。企业和市场的变化发展，总是充满各种无法预知的情况，这些情况可能带来难预料的后果。同时，行为人拥有的信息和能力是有限的，委托人属于不拥有私人信息的一方，他们无法直接观测到代理人的决策行为，只能依靠绩效来进行观测，而绩效（特别是以股票价值计算的公司价值）除了受到代理人的工作勤勉、能力等因素影响外，还受其他因素影响，包括外生的双方无法控制的随机因素（自然状态）的影响。人们往往寄希望于良好的制度能够解决公司治理中的问题，然而，这些制度在执行过程中，由于内部关系协调、团队异质性、治理结构的变化等问题，不能保证好的制度能完全按照设计的方向发展。公司治理效率是制度安排下行为的结果，也是企业利益各方相互权衡相互博弈的结果，利益主体通过长时间反复博弈，才能达到相对稳定的均衡状态。在未达到相对稳定的均衡状态之前，各行为者的策略选择空间相对较大。即使是已经达到某种相对稳定的均衡状态，外在环境的变化也可能打破旧均衡而导致各方以新的博弈策略寻找新的均衡状态。在博弈过程中，不确定性影响导致某项制度形成时，由于路径依赖的作用，某些无效的制度和机制形成"锁定"状态，进而影响制度发挥作用。

## 二、国内外研究现状

### （一）对不确定性的研究

不确定性对企业的影响可以从两方面进行考察，一方面是对企业行为的影响，另一方面是对企业制度的影响。

1. 不确定性

不确定性是大量现象和事物客观存在的特征。实际上，因为客观事物是变化发展的，它本身就是不确定的。同时，不确定性又是一种不确定关系，在生活中，当一件事情发生时，会引起另一种事情发生，但是发生的概率、数量和影响存在不确定性，不确定关系导致不确定结果。以公司为例，假设好的治理结构可能带来业绩的提升，但何为好的治理结构却无法用数字来具体表达，并且当治理结构变好时，业绩能提升多少、什么时候开始增长，都具有不确定性。对个人来讲，由于有限理性和所处环境的限制，决策者不可能描述客观世界的全部内容，更不能预料未来所有发生的事情，因此决策认知也是不确定的。

学界对不确定性企业理论的研究取得了丰富的成果。其一，在决策理论中，徐泽水和孙在东（2001）旨在描述决策者在不确定所有可能出现的结果或者结果的概率分布时的最优选择方案，主要方法是运用不确定型决策技术，即结合决策者对待不确定或风险的主观态度以及发生的概率进行分析进而做出决策优化。其二是心理学家们研究内容，如前景理论描述行为人的非理性行为和心理偏差。情境复杂性和认知负荷使得其决策行为往往带有各种直觉色彩，出现各种偏差，这些偏差取决于信息的特征和整个决策情境。现阶段不确定性心理学发展了多种研究工具，如决策神经科学等。其三是经济学家们的研究范围，即研究企业在面对不确定条件约束下的最优契约设计及其影响因素，主要是博弈论和不确定性经济学的研究，认为微观信息经济学是不确定性经济学的深化。这三者中，不确定决策理论侧重于逻辑推理和数学推导，不确定心理理论侧重于通过实验来描述人类决策时的心理变化，而第三者侧重于实证研究和机制设计；三者紧密联系、相互融合。

不确定性作为影响企业行为方式核心因素，对企业理论的产生和发展有无可置疑的重要作用。与风险相比，不确定性比风险更难以估计，没有先验概率和统计概率的基础，决策者面临的是一个凭借主观概率来预测或者干脆"不知道"的世界，更重要的是，不确定性无处不在。主观概率是应对主观不确定性的基本工具，运用主观概率分析方法，对主观不确定性进行概率计算和判断，可以获得关于事态的先验信息。真实不确定性是一种无法预测的意外，它具有两个基本特征：一是对事态结果的不可知性，即不知道将会出现什么样的结果；二是事态出现概率的不可知性，即不知道会不会出现，有多大概率出现，什么时候出现。《新帕尔格雷夫经济学大辞典》区分了两类不确定性，即外生不确定性（exogenous uncertainty）和内生不确定性（endogenous uncertainty）。外生不确定性是外部环境（自然环境、宏观经济环境、竞争环境等）变化导致的。内生不确定性源于经济行为者的决策，与经济系统运行相关，在企业中，与企业的内部结构与经营活动等因素密切相关。

张雪魁指出，不确定性研究所具有的经济学意义主要体现为以下六个方面：

（1）不确定性是对机会的量度；

（2）不确定性是人的一种存在方式；

（3）不确定性开辟了经济学思维的新空间；

（4）不确定性提供了观察经济问题的新视角；

（5）不确定性建构了经济学话语的新体系；

（6）确定性开启了解释经济世界的新范式。

正如扎德（L. A. Zadeh，1965）所阐述的那样，系统复杂性越高，人们越难以精确且有意义地描述该系统，以至精确性与有意义两个属性几乎达到互相排斥的地步。不确定性贯穿企业的整个过程，从项目立项、战略决策、战术决策、投资决策、内部管理、技术参数、市场机会、政治法律环境风险等方面综合来看，决策者就处于一个高度不确定之中，需要处理大量的信息。

2. 不确定性对行为的影响

现有的委托代理理论模型主要来自信息经济学，考察在不对称信息约束下的主体行为，其中很大部分是博弈论的应用。该理论模型认为委托代理关系中存在的主要问题是委托代理合约签订之后，因信息不对称而产生的道德风险和逆向选择，侵害缔约者的利益。

关于不确定性对决策的影响，由于客观事物的复杂性、不确定性及决策者的积极参与，研究者倾向于考察决策者对不确定事物的主观偏好。虽然在集体决策过程中，内部的协同机制使决策水平高于群体的平均水平，但集体决策也存在缺陷，容易造成独特的认知偏差，如"群体思维""社会闲散"等，并可能带来额外的代理成本。胡笑旋和陈意（2015）指出，决策者面临的问题的随机性、模糊性，信息不完备、不精确性、不一致性、不稳定性和主观认识与客观实际的差异性，都能引起决策不确定性，这些可以用深度不确定性来描述。与风险不同，深度不确定性对决策的困难程度和风险都超过了一般不确定性，主要有以下三种情形：

（1）情景不确定性，即多种可能的自然状态出现，且可能性大小未知；

（2）后果的不确定性，同样的决策方案在不同的情景，决策后果也有差别；

（3）决策方案不确定，方案可能在不断更新，会有新的更好的方案替代备选方案。

3. 不确定性对制度的影响

公司治理问题存在的两个必要条件分别是代理问题和契约的不完备性。如果有关企业的契约不能准确地描述与企业相关的所有未来可能出现的状态以及每种状态下契约各方的权利和责任，那么这个契约就是不完备的。公司治理就是解决企业契约不完备问题的一系列制度安排。

企业在内部和外部的复杂系统中活动。根据复杂系统理论，制度的形成是多重力量的结果，制度与制度之间并不是孤立地存在，而是按照一定逻辑联系起来的。制度的产生、发展与变迁，都需要根据一定的轨迹，体现出路径依赖的特征。路径依赖往往产生于一系列偶然的随机因素，也就是不确定性因素，一旦进入某个路径，就会沿着该路径一直发展下去，并形成锁定状态。锁定既可能是有效率的，也可能是低效率甚至无效率的。在路径依赖的形成过程中，制度受初始条件约束，由初始发生的偶然性事件引起，通过系统的自我修复机制和自增强机制，伴随着一系列的随机过程，逐步形成既定的事物发展方向，并一直产生影响。除了受外部不确定性事件影响外，行为者的有限理性（决策不确定性）和行为改变的高成本（行为不确定性）会加重制度的路径依赖。

根据道格拉斯·诺思（Douglass North）的制度变迁理论，合理的制度能够最大限度地降低偶然性，通过合理预期和协调社会关系，减少不确定性的产生。根据路径依赖理论，不确定性影响制度的形成，并形成锁定状态。因此不确定性与制度之间是相互影响、相互依存的关系。

**（二）董事会机制的研究现状**

1. 董事会制度

公司治理是为了解决因信息不对称而产生的委托代理问题的一系列制度安排。公司治理围绕对股东利益的保护而展开。公司是一个包含各参与方在内的不完备契约的集合，在这样的契约结构中，由于不确定性的存在，股东作为剩余风险的最后承担者，其利益不能像债权人、公司雇员的利益那样通过签订较为完备的契约来得到保障，因此，公司治理的基本问题是确保股东利益，特别是作为弱势群体的中小股东的利益。

在公司治理机制中，董事会是其核心内容。经济合作与发展组织（OECD）的"公司治理原则"中明确了董事会的作用，指出在公司治理框架中，需确保董事会对公司的战略指导和对经理层的有效监督，并向公司和股东负责。现在的公司治理更关注如何确保经理层胜任职务，在公正、合法地履行职责的背景下，董事会的法律构造和实践运行必须确保董事会有效行使重大决策和监督的功能。

在杰森（Jenesn，1976）的论述中，公司的决策过程包括建议、批准、执行和监督四个步骤，而现代上市公司由于剩余控制权和剩余索取权的分离，董事会主要集中于批准和监督两项职能。在不同发达程度的资本市场中，董事会职能有所不同，但基本上集中于监督和决策两个职能。在发达国家、外部治理机制较为完善，法律基础较好，董事会行使战略咨询和决策职能较多。而在法律基础较弱、外部治理机制不完善的国家，董事会则主要行使监督机制职能，代替股东监督管理层，促进股东利益最大化目标的实现。

独立董事制度是董事会的重要内容。独立董事制度源自美国，OECD 在"公司治理结构原则"中区分了董事会的构成，把成员分为内部董事与独立董事。在理论上，为保证董事会的独立性，独立董事非企业员工，包括其自己任职的企业和家庭成员与出任独立董事的企业不能有任何经济上的联系。独立董事是一种董事会运行的制度安排，但有时也是一种合法性压力与制度趋同，其作用还受到质疑。反对的人指出，以独立董事为主的董事会违背了"掌握信息最完备的人决策最有效"的原则，因此该种董事会是一种无效率的组织。当董事会不能有效监督管理层的时候，他们更多的是跟 CEO 利益一致，而不是代表股东去监督管理层。

杰森认为，迫于外部董事市场的竞争压力，外部董事有通过对管理层实施监督确立自己的声誉的动机，从而提升自己的价值。董事会监督管理层，由于内部董事多是高层管理者，就形成"自己监督自己"的形势，因此现代董事会更加重视独立董事在监督中的作用。然而，相对于与股东利益相一致，外部董事能够更关心与管理层相一致的名誉，而不是成为股东的"监视器"。郭强和蒋东生（2003）认为独立董事产生于不完备契约造成的治理结构的缺陷。独立董事本质上是监督双方遵守契约约定的人，也是对契约遵守情况进行裁判和调整的人。独立董事进入治理机制，首先，可利用自身的权威和影响力，在一定程度上提高公司声誉，比如聘请行业内的权威专家或在行业和地区有相对影响力的退休官员作为独立董事；其次，独立董事可为董事会决策提供有建设性的意见，因为其具有权威地位的独立董事往往具有相当的能力与知识。再次，由于对独立董事资格要求严格，独立董事在利益和人格是独立于企业，因而为其有效监督管理层提供了可能；最后，独立董事在董事会中还起到协调各方利益的作用，是在董事会机制中建立一个制衡机制。正是这四方面的作用，使独立董事制度得到了广泛的推崇和应用。然而，其在市场中的所发挥的作用与理论上的期望还存在差距。

李蓝波（2008）指出独立董事没有足够的时间精力履行独立董事的职责。胡峰、赵蓓（2014）指出超过70%的独立董事表示自己从未行使过或根本不打算在未来行使中国证监会赋予其的各项权利。薛有志（2015）等认为独立董事合规性制度安排并不能发挥董事会的监督效应，其"真实独立性"难以得到保障。郑志刚等（2017）指出独立董事薪酬水平高能够显著改善上市公司绩效，且当平均薪酬水平较高时，独立董事薪酬差别化效应才会显现。李春歌（2012）指出我国独立董事在董事会成员中所占比例较低，导致独立董事难以真正发挥出其作用。周佰成等（2017）从完善法律法规、组建独立董事协会、建立独立董事双向选任机制以及制定独立董事薪酬奖惩机制等方面对我国独立董事制度的发展指出了方向。岳殿民、李雅欣（2020）在详细分析了独立董事的相关经历后指出，实务界的高声誉律师等独立董事对上市公司违规行为的抑制作用更显著。

2. 不确定性对董事会机制影响的研究

不确定性作为影响企业行为方式的核心因素，对企业理论的产生和发展产生了无可置疑的重要作用。不确定性对公司治理的影响，是建立在不确定性对不完备契约影响的基础上的。在委托代理问题中，由于信息不对称，委托人和代理人在行为和预期结果之间存在不一致，公司治理机制发挥相应的作用，他们之间可以通过签订契约来确定行为准则和约束机制。但任何信息的获取都要付出相应的成本，人的有限理性使获得的信息往往高成本和不完备，加上不确定性因素的影响，使得契约不完备的问题暴露出来，并影响公司治理的效率。未来的不确定，使在签订契约时不能完全涵盖所有的未来状态，并以此为依据约定各种状态下契约各方的权利和责任。于是，这些不确定性通过不完备契约，将对委托人不利的结果转化为对代理人有利的结果，而委托人承担了相应的损失。

企业的剩余索取权与剩余控制权，在缔结契约和制度安排上存在缺陷或残缺，将会造成产权残缺，于是不可避免地引发主体行为的外部性。然而，现有市场上不存在也不可能存在能够预测未来所有自然状态并制定最优的权力分配结构，权力分配结构是内生的，是缔约者利益权衡与博弈的结果。在企业中，各种专用性资产和无形资产，以人力资本的所有者和利益相关者为载体，存在于其互动性合作关系中。当人力资本与其所有者分离，激励问题、代理问题就不存在，奈特（Knight F H，1921）所研究的不确定性也不存在，企业与生产函数就会一致。但两者的不可分离性，使处在不确定的世界和市场之中的企业经营者管理者需要做的是对不确定性进行判断，并做出相应的决策。经营者利用自身知识能力和职业素养从事相应的工作，而不是像机器一样根据既定的程序不偏不倚地工作，他们的行为方式以及由此带来的结果是难以监督的。美国反虚假财务报告委员会（COSO）提出，管理层理应分析潜在对企业经营产生影响的因素，确定其机会与风险性，评估负面影响的事项，并制定对策。

在信息不对称的委托代理关系中，行为不可观测和业务工作的复杂性会导致不确定性，当公司业绩变化时，董事会难以区分是代理人的工作原因还是外部环境发生了改变。同时，自然状态作为外部随机变量是不能控制的，它会影响代理人的工作业绩。考虑到不确定性对传统代理缓解机制的影响，上市公司的内部公司治理结构对最小化代理成本起到一个重要的潜在性作用。委托代理模型假设外生随机因素的分布是共同知识，即在缔约者进行决策之前，已经明确知道随机因素的分布状态。事实上，自然状态既不能控制，又无法明确知晓，只能使用反映决策者主观态度的先验概率。委托人和代理人的个性特点和能力不同，他们对于不确定的自然状态有不同的先验概率，但对最优契约有重要影响。在没有考虑自然状态对代理人努力负效用的影响委托代理模型中，同样的努力水平，负面的自然状态可能导致更高的努力负效用，反之亦然。贾让成等（2021）对委托代理基数进行了研究，认为委托人和代理人要先约定基数，以应对未来发生的事件。但由于对未来的预测基于现有信息，且市场存在不确定性，代理人不能确切提出未来实际基数。未来产出数由代理人的努力水平决定，随着努力水平提高而增加，两者呈正相关关系。但受外部随机因素的影响，他们的相关系数存在变化。随机环境影响的不稳定程度越大，代理人的风险越大，则代理人的期望收益越小，而委托人的期望收益越大，说明外界市场环境的影响越不稳定，对委托人相对越有利。

董事会和投资者进行决策都需要相应的信息作为基础。于李胜和王艳艳（2006）从信息不确定性角度研究盈余公告后漂移（PEAD）现象，认为资本市场上的信息不确定性是一个普遍存在现象，主要由以下原因造成，一是市场法规执行不到位，效力较差，造成市场上的虚假信息、噪音影响信息的真实性。二是信息的成本，因为其产生、传递和验证等过程都需要一定的资源投入，因而产生信息成本。信息越重要，需要投入的资源就越多，成本就会越高。这可以通过制度方面来规避，但是制度始终是不完善的，且随着市场发展，与市场的契合度越差。总体说来，制度不完善性和信息成本造成不确定性信息的产生，影响投资者预期，造成投资者决策偏差。孙艳梅和郭红玉（2013）研究不确定性与公司治理的关系，发现基金调入指数给上市公司带来的"声誉效应"有限，机构投资者的增持、媒体与分析师的更多关注在监督经理人的同时，降低了代理成本。环境不确定性中，制度与技术等因素滞后影响企业财务会计管理，这也将影响企业决策的信息质量。

在董事会治理中，有些制度是根据法律法规和准则的要求进行安排，对投资者保护的作用毋庸置疑。但是其发挥作用的效率和对公司的影响具有不确定性。以信息披露为例，强制性信息披露制度是以法律形式规定出来的。而法律体系采用的是委任理论，强于权利界定而不是利益保护，对高管和董事的行为采取禁止和规制方式，带有一定的强制性和形式主义的色彩，其操作缺乏弹性和补偿机制。假定企业及其行为人严格按照法律等外部约束的要求去从事活动，其在组织经营与发展过程中积累起来的"有效率"行为就会被限制，由于补偿机制的缺失，其收益（特别是个人）就会相应减少。但是，法律的处理必然会引起企业名誉、市场规模、投资者信心和企业内部结构的调整，增加企业面临的不确定性。由于契约本身是不完备的，这些不确定性将会对机制的发挥产生影响，要么向好的方向改变，要么由于路径依赖而继续锁定低效率的机制。

总之，董事会在公司治理中具有重要作用和关键角色，其行为将会影响公司业绩，但它发挥作用有一定的约束条件并且对公司业绩的影响是间接的，企业在社会系统中从事经济活动，面临着各种不确定性因素的影响。不确定性对董事会机制的影响涉及董事会的各个方面，也将影响董事会机制有效性。

3. 研究现状总结

现有文献对不确定性做出了有益的探讨，取得了丰硕的成果，主要集中于对不确定性的界定、不确定性对公司治理的影响、对决策的影响及其优化、对心理和行为的影响、对制度的影响。从不完备契约的影响因素上看，现有研究主要集中于不对称信息和人的有限理性，不确定性方面的研究较为分散，缺乏系统性的研究。

董事会是公司治理的核心，是代表分散股东行使企业决策权力的机构，其行为机制影响投资者保护水平，现有研究多集中于董事会机制的一个方面，在董事会构成、监督机制、薪酬机制、替换管理层机制方面分别进行研究，将企业与所面临的环境割裂开来，较少有全面研究的文献。

总体说来，现有文献中关于不确定性与公司治理机制，特别是董事会机制的研究还比较分散，缺乏系统性研究。同时现有研究大多将不确定性、公司治理机制和投资者保护分开研究，或研究其中两个方面之间的关联性，而较少将三者统一联系起来研究。

# 第二章　董事会领导力与公司治理

## 第一节　董事会领导力对公司治理作用的机理分析

### 一、研究背景与意义

#### （一）董事会是公司治理的核心，是制度改革的焦点

国家的经济发展依赖于企业的业绩与效率，而完善的公司治理制度是实现企业长期发展、提高竞争优势的制度保证和根本所在。董事会作为股东与经理层相连接的"中枢"、公司的终极控制者和最终决策者而成为公司治理的核心。正如费方域（1996）所认为的，公司治理的问题实际上就是关于公司董事会的功能、结构以及股东权利等方面的制度安排。好的董事会在公司生命中的地位至关重要，世界上第一个公司治理委员会——卡德伯里委员会（1992）提出，"董事会的效率决定了一个国家的竞争地位"。反之，当董事会作用失效时，便会出现公司治理风险，导致公司丑闻的发生，使百年基业轰然倒塌，安然（Enron）、世通（Worldcom）、帕玛拉特（Parmalat）的公司丑闻便是这样的例子。特别是安然和世通的董事对发生的舞弊负有责任，由于这些丑闻的发生和对公司治理的持续关注，董事会已经成为治理政策改革的中心和学术研究的焦点。

我国的上市公司虽已按照《公司法》的规定设立了董事会，建立起公司治理的基本框架，但仍存在不少问题，公司治理的规范程度和运作实效不理想。成思危（2018）指出，在我国上市公司治理状况还不尽如人意的情况下，我们的职责是加强董事会，董事会是公司治理的核心。因此，在我国建立现代企业制度的过程中，董事会也已成为公司治理改革和学术研究的重点和焦点。总之，各个国家的立法以及各种监管机构的规则和指引等都把建设一个高效的董事会作为公司治理的终极目标。

#### （二）研究董事会治理是促进董事会建设的客观要求

董事会治理实践中结构合规但有效性偏低的事实，需要理论和实务界将提升董事会治理作为董事会制度建设与改革的出发点。我国现代企业制度的建立与发展过程中，政策制定部门在借鉴西方国家先进经验的基础上，通过颁布相关法律法规，对公司治理结构与机制的建设，特别是对于董事会治理制度的设计如董事会规模、独立董事比例、次级委员会设置等结构层面特征，做出了详细的规定并

进行严格监管。目前，围绕规则、合规进行的公司治理结构与机制建设使得上市公司治理合规性明显改善，公司治理水平整体呈上升态势。

董事会治理的影响因素可分为外部环境层面（如产品市场竞争、制度）、公司层面（如企业生命周期、股权结构等）、董事会层面（如董事会结构、人口学属性、人力资本等）。对于上市公司来说，外部环境与公司层面的因素具有一定相似性，因此，董事会特征成为影响治理的关键因素。笔者认为，董事会治理是董事会履行监督职能和战略决策职能所达到的效果，而并非董事会结构如董事会规模、独立董事比例等以及董事会履行职能的行为本身。董事会结构层面的建设为董事会有效履行职能进而达到良好的治理水平打下了坚实基础，是治理的重要影响因素，但如果仅踯躅不前，而不进一步推动治理水平的提升，那么董事会结构的建设也可能仅是"烂尾楼"工程。不管怎样的治理模式，都需要达到一定的目标，产生一定的积极效果，才能真正有利于维护资本市场和上市公司的稳健发展。公司、经济以及社会的健康均依赖于董事会如何影响绩效。

确定科学的董事会治理衡量指标是激励董事会有效履行职能并有效提升治理水平的前提和基础。董事会特征无法直接作用于治理，而是通过影响董事会履行职能的行为而实现对治理的影响。董事作为自利的个人，在合理的董事会制度安排和自身拥有专业能力的基础上，其履行职能还需要被激励。在实践中，董事的激励措施和效果非常有限。有研究认为，我国上市公司董事会的持股是一种福利而非激励。造成这一现象的重要原因之一，是缺少对董事履职效果的科学测量指标，进而导致无法制定科学合理的激励制度。

## 二、基于治理目标的多元公司治理理论整合

### （一）股东至上主义

新古典经济学认为交换活动是经济价值的主要源泉，进而将交换活动的特征抽象为现场的、同质的和可预见的；资源配置假设资源配置具有可逆性、个体性和最优性。基于新古典资源配置观，本书认为，保证资源的自由流动并且将市场控制作为资源配置手段是理想公司治理的特征。

股东至上理论的支持者认为，作为权益投资者的股东是公司投资者唯一没有契约保证的固定回报的经济参与者，是剩余风险的承担者，因此有权索取剩余收益，是唯一的委托人。这观点是以公司内部经营管理与剩余风险承担相分离为依据的，这导致了管理者与剩余索取者之间的代理问题。在股东至上主义观点下，

公司治理是通过激励与监督机制，降低经理层的机会主义行为，实现股东价值最大化。斯利佛和魏斯尼（Sliver and Weisney，1997）认为，公司治理是公司资金提供者确保获得投资回报的手段，如资金所有者如何使管理者将利润的一部分作为回报返还给自己、控制管理者没有侵吞他们所提供的资本或将其投资在不好的项目上等。

然而，股东至上的观点备受学者们的质疑。第一，股东虽作为公司剩余索取者而需承担剩余风险，但是在有限责任公司中，股东所承担的风险以出资额为限。第二，股东并未受到持股公司的约束，他们比管理层和员工更能承担风险并更具风险偏好。正如法马（Fama F E，1983）所认为的，大型公司普通股所拥有的剩余索取权可以通过转让进而形成多元化投资，达到分散风险的目的。第三，仅满足股东利益而不考虑其他相关者的利益及社会责任将有可能损害股东的长远利益。

### （二）利益相关者理论

利益相关者理论引入企业专用性投资的概念，这一概念沿袭了新古典资源配置观中的个体性和最优性假设，但突破了可逆性假设，认为公司治理制度应对企业专用性投资的提供者进行适当的收益分配。芮恩曼（Eric Rhenman，1963）首次运用利益相关者这一概念，认为利益相关者与企业为了实现自身目标以及可持续发展而形成相互依存的关系。弗里曼·R. 爱德华（Freeman R. Edward，1984）认为企业的利益相关者是指任何能够影响企业组织目标的实现或受这种实现影响的个人或群体，并认为利益相关者的外延应包括社区、政府、环保组织等。

根据利益相关者理论，企业被看作目标不相同的利益相关者联合的节点，利益相关者各方均会对组织产生影响。因此，该理论认为委托人包括全部利益相关者，而不仅指股东，从而扩大了股东至上理论对委托人的外延界定。玛格丽特·M. 布莱尔（Margaret M. Blair，1999）认为，企业中股东投入的专用性物质资产并非公司价值创造的唯一资产，其他利益相关者如长期雇员也投入了人力资本。多年的工作积累所形成的技能，其价值依赖于公司的价值并为公司所专用，因此，他们也承担了相应风险，这些利益相关者应拥有剩余控制权。布莱尔指出，任何一个公司治理制度内的关键问题都是力图使管理人员对企业资源贡献者如投资者、供应商、员工等负有义不容辞的责任，因为后者的投资正"处于风险中"。因此，公司治理的目标是保证对利益相关者的责任，而不仅是提升股东的财富。在实践中，各国的公司治理规制也把利益相关者的利益放在了重要位置。如经济合作与发展组织指出，公司治理有赖于法律、规章和制度环境，以及能够影响公司信誉和长远成败的诸多因素，如道德、环保意识、社会公众利益等。

学术界形成了利益相关者共同治理观。如弗里曼（Freeman，1984）认为，各利益相关者如员工、顾客、供应商及社区等，应积极参与公司治理，享有与股东同样的权力，并建议利益相关者在董事会中占有席位。杨瑞龙和杨其静（2001）也持有类似观点，鼓励利益相关者参与治理，并提出"从单边治理到多边治理"的概念。贝洛克（Belloc）认为，经理和董事不是股东的代理人而是保护公司专有投资和分配收益的"中介人"。董事会本身不是剩余索取者，他们希望公司投资者聚在一起以保证董事会成员的职位，因此，董事会没有实施机会主义行为的动机，而是有动力将专用投资锁定于公司中。

利益相关者共同参与治理克服了股东单边治理的局限性，对公司治理理论的发展和演进具有深远影响和重要意义。然而，由于各利益相关者利益冲突未在理论上得以解决，利益相关者团体的外延过于宽泛而使治理对象迷失治理目标，因此，以全体利益相关者利益最大化以及平衡作为公司治理目标将在实践中难以实现与解决。另外，"利益相关者全体"参与公司治理更多体现了一种社会公平的政治立场，但却可能会导致决策延误、意见相左的情形，将对公司的运作效率造成不良影响。再者，全员责任等于无责任，利益相关者共同治理可能使企业陷入公共化的境地，任何相关者均不能有效履行治理职能。股东单边治理和全体利益相关者共同治理的均存在局限性，单一的股东价值最大化目标和单一的利益相关者利益最大化目标均无法保证公司的长期持续发展。徐向艺和徐宁（2011）认为，公司应以股东为主导的核心利益相关者利益最大化为目标。这些观点超越了单边治理和多边共同治理的局限，对推动公司治理理论的发展具有积极影响。在实践中，各国政府也逐渐形成股东至上与全体利益相关者治理相整合的趋势。作为股东价值最大化倡导者的美国，在经历了 20 世纪 80 年代公司收购风潮之后，将考虑非股东的利益纳入州政府的立法之中。日本和德国均主张以利益相关者利益最大化为目标，但日本的《公司法》允许日本公司既可选择股东价值最大化目标，也可选择利益相关者利益最大化。德国《德国公司治理准则》较为明确地凸显了包括股东和其他利益相关者的利益。

### （三）组织控制理论

组织控制假说认为，公司治理制度设计应支持创新过程关键投入——知识和资金的组织控制，而不是市场控制。该理论认为公司治理目标是创新，认为公司治理的核心问题是研究如何开发和利用生产资源来进行剩余价值的创造，从而将公司治理论由价值分配演进至价值创造。

### （四）多元治理理论整合的创业板上市公司董事会治理目标重构

无论是单一的股东至上主义、利益相关者理论还是两种理论的相互融合，均是以新古典主义经济学框架下的交换活动为逻辑起点，对公司治理主体进行辨析，关注的是在既定个人偏好和技术条件下剩余收益应该分配给谁的问题，然而却忽视这些剩余收益是如何通过生产资源的开发和利用而产生这一重要问题。企业的价值创造是剩余分配的前提和基础，如果公司治理是仅专注于剩余索取权的制度安排，而不考虑剩余收益的创造过程，将可能使剩余价值的分配成为"空中楼阁"而最终导致治理主体利益的损失。

创新经济学框架下的组织控制假说以创新经济学的生产活动为逻辑起点，将核心问题转移至创新生产的视角，研究支持创新的公司治理制度需要满足的条件。然而，组织控制理论也具有局限性。

首先，该理论并未讨论什么样的公司治理机制能够使企业达到财务承诺、组织整合和战略控制。其次，该理论没有明确治理主体，即并不明确通过创新而进行的价值创造是为了谁而进行。郝云宏认为，在治理主体不明确的情况下，将无人对董事会等公司治理的核心机构进行问责；反之，董事会等机构也不知是谁的代理人，应该对谁说明责任，这将可能造成董事会行为陷入困惑之中。再者，该理论仅着眼于价值创造环节，而未讨论创造出来的剩余收益将如何分配。企业通过创新将建立竞争优势并获取超额报酬。那么，从创新过程中所获取的报酬分配给谁、将多少报酬进行再投资、将多少报酬进行分配或作为内部人的激励和能力建设是重要问题。剩余收益的分配将进一步影响物质资料与人力资本所有者的投入，没有资金以及人力资本的投入，就无法实现创新型资源配置观中的财务承诺和组织整合，从而使创新以及公司竞争力的提升成为空谈。

股东至上主义、利益相关者理论与组织控制理论并非针锋相对。组织控制理论着眼于生产过程，提倡支持组织整合、财务承诺和战略控制的组织控制制度，通过创新生产而创造超额报酬；股东至上主义与利益相关者理论相结合，将创新创造的剩余收益通过合理分配，增加股东财富与其他核心利益相关者的利益，实现股东主导的核心利益相关者利益最大化；股东与其他利益相关者在获得回报与合理激励后，进一步将物质资料和人力资本投入创新过程中，形成新一轮的循环。因此，组织控制理论的价值创造观、股东至上主义与利益相关者理论的价值分配观以动态循环的形式，形成相互融合与互动的关系，从而通过公司创新实现以股东为主导的核心利益相关者利益最大化的公司治理目标。

## 三、董事会战略介入的理论流派

董事会通过履行相应职能而达到公司治理目标。董事会职能反映的是董事会应该发挥的作用及承担的职责和任务。国内外学者基于不同理论视角，对董事会职能以及履行每一种职能的范围做出了不同解释。

### （一）管理霸权主义

管理霸权理论认为，董事会仅是一个法律上的机构，对公司没有实际的控制权。管理层是真正掌握公司运营和控制权的组织，董事会是受管理层主导的法律虚拟机构。第一是公司股权和控制权分离以及股东股份资本的增长，导致高度分散的股权结构，稀释了大股东的权力。股东控制的相对弱化使管理层自利行为水平更高而将董事会置于被动地位。第二是基于代理理论中非执行董事与高管之间的信息不对称。管理层因负责日常经营控制，拥有公司特有信息，但董事会特别是非执行董事却很难获取这些信息。第三，营利性组织的经理层可以通过使用留存收益进行财务投资决策，从而加强他们对公司的控制，并降低对股东资本的依赖。

### （二）法律视角

董事会通过执行法律规定的职责而为股东利益做出贡献，公司法赋予董事相当大的权力以实现他们的角色。如美国商业圆桌会议、美国法律研究所、OECD的公司治理原则、我国的公司法均对董事会的职能进行了规定。

各国立法对董事会职能的界定多采用描述性的分析，尽管这种任务描述详尽程度和措辞均有所不同，但基本可以总结出，在法律视角下董事会的职能主要体现为在法律要求下的监督职能，包括雇用和解雇 CEO、评价公司和 CEO 业绩、评价审批及监督重大决策，以保证公司成长和保护股东利益。法律视角下，董事会对公司业绩的影响不是直接的，而是通过执行监督角色影响战略决策和行动。依据这个观点，董事会不负责提出战略或发展政策，而是负责评价和批准管理层提出的初始想法，继而决定公司业绩。

### （三）代理理论

起源于经济学和金融学的代理理论，目前成为国内外学者解释现代企业董事会职能的主流理论。一些学者认为，公司股权结构的高度分散使所有权与控制权相分离，从而所有者作为委托人与作为代理人的经理层之间形成了委托代理关系。代理理论假设股东和经理层都是理性人，追求自我效用最大化，因此，两者的利益和目标是不一致的；经理层拥有股东不可知的"私有信息"，从而经理层与股东之间形成信息不对称；另外，经理人员具有道德风险和逆向选择问题。基于以上三个假设，代理理论学者认为，董事会的主要职能在于保护股东利益不受管理层的侵吞。在代理理论框架下，董事会对股东的受托责任包括监督 CEO、制订高管薪酬政策、批准主要的战略决策、监督战略执行，也就是主要履行监督职能。代理理论虽然是公司治理研究中的主流概念框架，但在解释董事会职能时也存在一定局限性。代理理论主要在英美发展起来，由于无法适用于不同制度环境而受到批评。特别是金融危机的出现，使我们不得不重新思考公司是什么和公司治理的目的。股东和经理层不只是代理理论假设下的经济人，同时也是社会人，在决策制定过程中负有社会义务，要基于组织团结而不是个人主义制定决策。另外，在知识经济中，基于活动和资源的知识异常重要，社会资本、人力资本投资者得到空前关注，意味公司治理应该规制多重委托人而不是高管和股东的简单委托代理关系。因此，代理理论的假设应该放开。

## 四、多维视角的董事会职能界定

董事会通过履行职能的治理行为而达成治理绩效，董事会行为在董事会特征与治理绩效之间起到关键的中介作用，对董事会行为的解释源于对董事会职能的理解，董事会职能是指董事会应该履行的职责和任务，不同理论对董事会职能进行了不同的诠释。代理理论是董事会治理研究中最主流的一种理论，但基于单一理论视角解释董事会职能未免过于片面，很多学者试图将代理理论与资源依赖理论、管家理论、法律视角乃至其他更广泛的理论相结合，共同诠释董事会职能。笔者认为董事会职能包括监督职能和战略职能，根据董事会职能的划分，董事会行为可以分为履行监督职能的监督行为和履行战略职能的战略行为。

### （一）董事会的监督职能：基于委托代理理论视角

在委托代理理论下，董事会要履行其作为股东利益代表监督高管人员的职责。基于委托代理理论认为，董事会具有监督职能，即要求董事会对公司和 CEO 绩效进行评估以确保公司成长及保护股东利益。董事会监督职能是指通过雇用、评价以及必要时解雇管理层达到对其的约束目的。评价高管是董事会控制职能中的重要环节，它是激励政策制订的基础，同时根据评价结果，决定是否提拔或更换高管。评价包括两部分：一是监督高管的行为。比如选择外部审计师对财务报告进行审计，从而监督高管的财务行为；二是评价高管的能力。对高管能力进行评价的关键是董事会获取了多少信息和如何获取相关信息，这涉及董事与高管的谈判过程、项目和战略的选择以及选择 CEO 的过程。综合以上学者的观点以及相关的公司治理规制，笔者认为，董事会的监督职能包括以下方面。

（1）雇用、解雇高管；

（2）评价、激励、提升高管；

（3）执行财务审计工作，监督信息披露过程；

（4）监督公司担保决策、关联交易决策，监督公司重组活动，降低公司的违规行为、减少大股东的剥削行为等。

**（二）董事会战略职能：基于资源依赖理论和管家理论视角**

董事会对公司战略负责，并且是对战略做出贡献的最佳职位，因此，董事会具有战略职能。根据资源依赖理论，董事会可以帮助公司与外部环境相联络并获取有价值的资源，是对战略决策做出贡献的主要位置。李维安等（2003）依据资源依赖观认为，董事会应该为管理层提供资源和信息、与利益相关者进行联系和沟通等，间接影响公司决策形成。根据管家理论，管理层作为组织资源的管家，出于利他动机并受组织需要和目标的驱动，将勤奋工作而使股东财富最大化。从这一视角看，董事会应该在战略领域与高管团队进行协作而积极进行战略参与。如基于管家理论认为战略参与是董事会的重要职能，包括董事会积极参与提出战略方案、长期战略决策、执行长期战略决策。

董事会的战略职能在董事会治理实践与改革中应运而生，外部的治理环境要求董事会履行战略职能。大部分行业范围的扩大、全球化的增长、技术进步以及更高水平的竞争迫使董事会更高程度地参与公司的全面领导。随着公司丑闻的暴露，如美国国际集团、安然、雷曼兄弟、世界和环球电讯，以及全球范围内治理危机的出现如瑞典艾波比集团、挪威国家石油公司、荷兰皇家阿霍德集团、意大利帕玛拉特、加拿大北电网络、法国威望迪、德国曼内斯曼，实务界和监管部门对董事会战略职能更加关注。监管部门已经制定法规改善治理实践并致力于保证董事更积极地参与战略决策，如《萨班斯法案》对董事会与管理层的行为进行规范，有效消除了董事会和管理层任人唯亲的现象，使董事会的独立性和专业性均有所提高。

有的学者认为，董事会正在积极地为管理层提供外部资源和建议，如董事会提出自己的分析或者提供备选方案的方式积极参与战略制定，对公司使命、目标和适当战略的争论与讨论，以扩大专业基础，使管理层对项目选择进行更广泛的考虑，并明确战略实施过程中的约束条件。他们认为，董事不制定或执行战略，因为这是 CEO 的权限，而是直接提出新的商业概念或通过自己的分析影响经理提出的战略方案。

# 第二节  公司治理中领导力制衡机制的必要性

## 一、公司治理与公司管理

在公司治理这个框架性定义的基础上，还需要辨析公司治理的广义范畴和狭义范畴。

公司治理的狭义范畴可以视为公司董事会的结构和功能、董事会和经理层权利义务以及相应的聘选、激励和监督方面的制度安排等内容。广义的范畴则还包括公司的人力资源管理、收益分配激励制度、财务制度、企业战略发展决策系统、企业文化和一切与企业高层管理控制有关的其他制度，甚至有学者认为公司治理等同于公司的管理。

笔者认为，相比之下，公司治理的狭义范畴比较切合公司治理，而广义范畴则混淆了公司治理和公司管理的概念。公司管理是运营公司，而公司治理是确保公司运营处于正确的轨道之中。在本质上，公司治理是董事会利用公司治理机制来监督经理层的过程、结构和联系，而公司管理则是管理人员确定目标以及实现目标所要采取的行动。公司治理和公司管理既有联系又有区别，就好像一个硬币的正面和反面，两者不能相互孤立和割裂，它们的结合，是公司持续存在的基础。具体而言，两者存在以下几个方面的关系。

（1）终极目标相同。公司治理和公司管理有着相同的终极目标，那就是实现财富的有效创造，从而带来股东价值的增加。

（2）层次不同。在实现这一最终目标面前，公司治理和公司管理扮演着不同层次的角色。公司治理规定的是整个上市公司运作的基本网络框架。公司治理模式所关心的是，构成公司的各相关利益主体之间的责任权利义务的划分、对应和归属，以及公司应该建立什么样的制度规范和推行什么样的手段措施来实现各项管理主体之间的制衡。可以说，公司治理是公司创造财富的基础和保障。公司管理是在公司治理所划定的规范框架下，驾驭公司，利用各类资源，从而最终实现公司的既定目标。公司管理是公司财富创造和股东价值增加的直接源泉和动力。

假设我们把公司的持续运行视为行进中的列车，那么，公司治理就是钢轨，公司管理就是不断奔驰的列车。尽管作为直接动力的是列车的机车头而不是钢轨，但钢轨是列车安全准时到达目的地的基本保障。

（3）主体不同。公司管理就是在治理模式已经确定的前提下，公司管理者为实现公司的目标而采取的行动。可以认为，公司管理的主体是公司管理层，包括经理层和董事会中的执行董事。显然，公司管理的主体明显带有以内部人为主的特征，公司治理的主体则包括了公司的股东、董事会和经理层等。相比公司管理，公司治理的主体增加了大量的外部人。

（4）连接平台。公司治理和公司管理在公司财富创造和股东价值增值过程中发挥了共同的作用，两者之间的关键连接点就是公司的战略管理层次，而董事会就是这个战略管理层次中的重要平台。在这之中，独立董事制度的定位就在于一方面履行其对战略管理层的监督职能，发挥其独立性的作用；另一方面则是充分利用其专业特长和关系网络，起到战略辅助和扩大公司影响的作用。

## 二、公司治理相关主体的范畴

公司治理要回答两个问题：

（1）谁从公司的决策（公司管理层的行为）中获利；

（2）谁应该从公司的决策（公司管理层的行为）中获利。

如果第二个问题的答案是公司全体股东的话，那么，就是公司治理相关主体的范畴就被界定为股东，这是一种比较狭义的主体范畴界定，也是公司治理经典文献所持的主流观点，可以称之为公司治理的金融模式理论。如果第二个问题的答案是除了股东之外，还要包括职工、供应商、客户、债权人、社区乃至国家的话，那么，公司治理相关主体的范畴就被扩大到股东之外的各方利益相关者。这是近年来部分公司治理文献所持的观点，可以称之为公司治理的相关利益者理论。

金融模式理论的前提和假定是，股东作为唯一的专用化投资者，承担全部剩余风险，因此应拥有控制公司的权利，并得到剩余收益。金融模式理论要求公司的目标，也就是董事会的目标，是追求股东利益最大化。因此，公司治理所要处理的核心问题也就是公司的资本供给者如何确保自己可以得到投资回报的途径问题，包括资本供应者如何使管理层将利润的一部分作为回报返还给自己，如确定管理者不侵吞他们提供的资本或将资本投资于不佳的项目，资本的提供者如何控制管理者等问题。根据金融模式理论可以推导，独立董事应且仅应对上市公司全体股东负责，保障公司内部人追求股东利益最大化，并将股东利益最大化设为公司的单一目标。

利益相关者理论的前提和假定是，上市公司的部分剩余风险由职工、供应商、客户、债权人、公司所在社区乃至国家这些利益相关者承担，因此，利益相关者应参与公司治理，或至少要有相应的机制保障这些利益相关主体在必要的情况下介入公司治理，并分享部分剩余收益。利益相关者理论提出公司的目标，也就是董事会的目标、是承担社会责任、追求社会财富的最大化。上市公司治理结构中存在着多个主体之间的委托代理问题，除了股东和经理层之间的管理代理问题之外，还存在着股东和债权人之间的债务代理问题、私有部门和公共部门的社会代理问题等。根据利益相关者理论，可以得出，独立董事除了面向上市公司全体股东承担诚信义务之外，还要对企业所有重要利益相关者承担责任，以所有重要的利益相关者的综合利益最大化为目标对公司内部人进行监督。

金融模式理论和利益相关者理论强调了各自的重点，并不存在着谁错谁对的绝对判断，必须结合各国证券市场所处的特定发展阶段来决定公司治理的范畴主体适用哪种理论，或者说以哪种理论为主导。

落实到中国证券市场上市公司的治理的主体，笔者认为，当务之急是要通过建立良好的公司治理机制来保障上市公司全体股东的利益。首先，从委托代理关系出发，股东作为上市公司资本的主要供应者，应该处于公司治理的主导地位；其次，由于上市公司中小股东是整个证券市场上的弱势群体，把他们和上市公司员工、债权人、供应商、客户、国家等相比，他们仍是弱势群体，需要通过良好的公司治理机制来保障其利益。这也是为什么我国有强大的舆论认为，上市公司独立董事的使命就是保障中小股东的利益。

法律要求经理层要对股东负有忠诚义务，是因为股东在整个公司架构中可能处于最不利的地位。例如，股东和公司员工相比，员工们在付出劳动后可以几乎马上得到工资，并且他们可以用离开公司向公司要挟，并在公司处于绝境时离开公司，相比之下，股东就没有这样的权利，他们不可能要求公司返还股本。而在证券市场上抛售，还是属于股东之间换位的范畴。股东和债权人相比，在公司破产之前，对于债权人的债务，法律强制要求公司负有按期归还的义务，在公司破产进入清算程序后，债权人又比股东享有优先偿付权。因此，法律对公司经理与董事向股东负有忠诚义务的要求是完全需要的。笔者认为，独立董事的存在是为了保障经理履行对股东的忠诚义务。独立董事制度通过保障董事会对股东的忠诚、保障董事会对经理层的有效监督来保障经理层对董事履行忠诚义务。

但是，除了股东之外，我国上市公司的公司治理机制设计也应该兼顾员工、债权人、国家等相关利益主体的利益。我国上市公司大部分由国有企业改制而来，传统国有企业存在的职工就业压力较大、国家控制较严等问题同样反映在我国上市公司身上。一些上市公司甚至动用首次公开招股所募集的资金来支付清欠工资，还有一些上市公司的母公司利用关联交易从上市公司套取资金后安置母公司的富余员工，这些情况均表明员工的利益确实是我国上市公司治理机制应该考虑的一环。再如地方政府的利益，地方政府考虑形象、税收、地方经济等因素，对公司上市和重组介入颇深，这也使得我国上市公司治理机制还远远不能从完美市场化的角度进行设计。

## 三、全球公司治理的制度变迁

从 16 世纪至今，全球公司治理模式走过了两个阶段，先是从管理层中心主义迁移到股东会中心主义，然后又从股东会中心主义迁移到董事会中心主义。二战之后，特别是近几十年来，证券市场急剧膨胀，上市公司股东人数日益增加，这为内部人获得控制权提供了条件，董事会中心主义受到管理层中心主义的严重威胁。为了抵御管理层中心主义的复活，自 20 世纪 80 年代后期起，全球公司治理运动开始勃兴。这场迄今尚在不断深化的治理运动，根本指向就是捍卫董事会中心主义，使公司在实现股东价值最大化的轨道上运行。

### （一）从管理层中心主义到股东会中心主义

所有权和经营权的分离诞生了现代意义上的股份制公司。在股份制公司产生之初，股东的权利并没有一个良好的治理机构予以保障。莫斯·科威（Muscovy Company）被认为是历史上第一家股份有限公司，这家公司没有设立股东大会这样的最高权力机构，更不用说有董事会来代表全体股东对经理层行使制约。17世纪初成立的荷兰东印度公司也不存在股东大会。在这些早期的股份制公司中，公司经理层直接决定着公司的全部事项。股东只能相信经理层在道德框架下，自觉地履行诚信义务。除了参与分红之外，股东没有更多的权利，如果股东对经理层表现出来的道德风险忍无可忍，只能通过二级市场出售股权。

从 18 世纪以来，民主思潮开始渗透到股份制领域，各国公司立法逐渐开始规定股东大会是股份制公司的最高决策机构，与公司有关的任何事项，股东大会均有权决定。从 19 世纪中期开始，股东大会开始确立其作为股份制公司最高决策机构的地位。股东会中心主义的核心就是通过股东直接干预公司治理，来排除委托代理关系问题。

### （二）从股东会议中心主义到董事会中心主义

进入 20 世纪后，随着经济的发展，股份制公司规模进一步扩大，不少股份制公司进入股票市场成为上市公司，股东人数快速增加，这使得股东会中心主义客观上已经难以实现。

股份制公司规模扩大后，不仅单一业务的复杂性大大增加，而且不少股份制公司开始进行多元化发展，一般股东能够精通某个领域的专业知识已属难得，更不用说成为多个产业的全能专家。由于不能清晰地了解公司的经营运作，一般股东只能更多地寻求在二级市场上谋取交易差价而不是积极干预。成为上市公司之后，股东人数特别是中小股东人数迅速增加，这使得全体股东出席股东大会的可能性完全丧失，况且中小股东即使出席了股东大会并用手投票，也很难对决议形成影响，很早时候美国有人就把股东大会称为"没有观众的演出"，德国商法学者克莱因（Klein B）也指出大型股份制公司的股东大会徒有"空泛的形式"。

既然全体股东不可能通过股东大会来直接行使对公司经理层的监督评价从而解决委托代理问题，那么，很自然地，董事会作为股东大会的代理机构就开始受到重视。这一时期，各国公司立法转而加强董事会的权限。一般地，除极为重大的事项必须由股东大会决议通过之外，其余事项董事会均可做出决定。这标志着公司治理完成了从股东会中心主义向董事会中心主义的变迁。

### （三）保全董事会中心主义的努力和趋势

尽管董事会拥有法律和公司章程赋予的决策与监督评价管理层的职能，但实践证明，董事会中心主义很容易受到管理层中心主义的侵蚀。特别是当上市公司某个关键人兼任首席执行官和董事长的情况下，内部人更容易披着董事会中心主义的外衣行管理层中心主义之实。无论是在美国上市公司，还是在东亚的家族控股上市公司中，管理层中心主义正在攫取控制权。

因此，从 20 世纪 80 年代开始，美英等国提出公司治理理论并对其进行系统性的研究。同时，在实践领域，上市公司、机构投资者、自律组织、立法机构也提出了公司治理的规范或范例。到 20 世纪 90 年代，这一运动扩散到其他成熟证券市场和新兴证券市场，公司治理成为全球范围的热门话题。一些国际机构，如经合组织和世界银行，也提出了公司治理方面的一系列原则。

## 四、我国公司治理的特定问题

我国上市公司由于股权结构的特殊性、人文主义的国别性等，存在下列特定问题，这些特定问题是在讨论我国公司治理演讲方向中所需要特别关注的。

### （一）国有股东的消极主义

国有企业改革的早期趋势是向企业经理层下放经营权，这一趋势与国企上市相结合，产生了一种国有股东消极主义，表现出削弱股东权利和作用的倾向。国有股东消极主义的危害是，它为上市公司经理层自利行为和相机抉择提供了温床。经理层为谋求公司规模膨胀和在职消费，会操控国家股表决权来侵害中小股东的利益，如通过股票增发决议等。当经理层为了谋求个人财物增加时，会利用国家股缺乏实体行权代表的状况，从事灰色的管理层收购和以关联交易为基础的资产转移，这样的行为同样会对全体股东的福利最大化造成损害，如以关联交易为基础的资产转移。

### （二）监督和制约的多头管理和合力缺失问题

随着一些大型国有企业问题的暴露，政府认为需要加强监督和制约机制，自然也包括对上市国企。因此我们看到，在企业财务上，国务院向大型企业派驻特派员，并逐步演化为外派监事会；在企业经理人员任免上，加强上级党组织对其的监督和评价。于是，上市国企面临着多主体的监督和制约，这些监督和制约主体有上市公司董事会、监事会、上市国企的母公司、国务院特派员、党组织、国有资产管理机构等，这些主体根据法律、规章或行政命令，执行对经理层的监督和评价。

但是，恰恰是因为多个主体都具有监督制约能力，这些主体之间又缺乏沟通，反而给上市公司经理层以可乘之机，如经理层有机会驱动或串谋一个或多个监督主体和其他监督主体相抗衡。

### （三）激励合约缺乏法律支持

激励合约（incentive contract）是公司治理的一项至关重要的工具。激励合约将经理层的报酬和公司绩效相挂钩，把经理层利益与全体股东利益紧密捆绑。在英美上市公司的激励合约中，股票期权、长期收入等报酬工具被广泛应用。但在我国上市公司中，激励合约的实施却受到了法律上的阻碍。由于股票期权尚没有在法律上得到认可，除了一些变形的带有股票期权性质的激励合同之外，迄今在沪深证券市场上没有见到规范化的激励期权。

既然连上市公司经理层都缺乏法律支持的高效激励合约，至今，在笔者所能检阅到的资料范围，独立董事基本上还是以固定报酬（年薪）为主，不用说股票期权，连与公司业绩相挂钩的奖金都很少存在。

## 五、独立董事制度安排的核心问题

目前关于公司治理问题的讨论主要集中在三方面：公司董事会的构成（独立董事）、政府行政监管（证监会）和民事与刑事诉讼（法庭）。这三种监管渠道非常重要，在成熟证券市场，这三种力量已被证明是证券市场发展的必要条件，同样，它们的有效性也是中国证券市场发展的必要条件。政府行政监管与法庭通常在事件尾声或事态极端严重时才介入，这两层监管的举证责任重、成本高，主要起"最后补救"作用，在其他阶段发挥的主要是威慑效果。相比后两种监管力量，显然，董事会的监管具有发现早、成本低的优势，可以作为常规部署的监管力量。

独立董事的首要功能是强化董事会对内部人的评价监督功能。从解决委托代理问题的视角去看，独立董事的价值在于向全体股东传递关于上市公司经营状况和上市公司经营者能力的真实有效信息。要传递这些信息，独立董事就要客观地评价监督上市公司经理，而上市公司经理也会在这一威慑下约束自己，使自己的行为整体上符合创造全体股东最大利益的轨道。

认为独立董事能够影响上市公司绩效，其核心逻辑在于独立董事能够强化董事会的监督功能，保障上市公司不出现重大经营问题。这也是上市公司会在遭遇困境时倾向于增加独立董事的原因，即希望通过独立董事的增加来向市场发出信号，表明公司将加强对经理层的监管来消除昔日的负面形象。而证券市场之所以会对独立董事任命做出一些积极的反应，也是基于对独立董事加强监督和向市场发出真实信号的期望。

### （一）独立董事的范畴界定

独立董事是董事的一种特定类型。各国早期的公司法并未对董事的类型做出明确区分，所强调的是董事无论由内部人还是外部人担任，都拥有同等的权利、义务和责任。到了20世纪80年代，随着全球公司治理运动的勃兴，人们逐渐意识到，董事独立性对公司和股东有着不可替代的重要价值。美国、英国等国证券市场监管机构、司法机构以及上市公司开始对董事类别进行划分，并且对董事会的构成和设计提出了较为明确的要求。由此，独立董事这一特定概念开始受到关注。

### （二）独立董事的定义提炼

通览各国相关机构对独立董事任职资格所做的规定，可以看到，独立董事通常同时具有以下特征：

（1）独立董事不是上市公司当前或以前的管理层成员或雇员；

（2）独立董事与上市公司现任的内部董事没有密切的私人关系，不是公司董事、监事、高级管理人员的直系亲属或是生意上的合伙人；

（3）独立董事与公司没有职业上的关系，例如，独立董事不是受雇于上市公司的会计师事务所、律师事务所、咨询公司、商业银行或是投资银行的员工；

（4）独立董事不是公司任何一个"重要"的供应商或是消费商的员工，"重要"程度依各国的具体规定或各个机构提出的标准而定；

（5）独立董事与上市公司先前没有发生过"重大"交易，"重大"交易的金额下限视各国的具体规定或各个机构提出的标准而定；

（6）独立董事不拥有大额的股份（如超过1%的股份）或代表任何重要的股东；

（7）独立推荐不是以个人关系为基础而被推荐或任命，必须通过正式的程序被甄选。

除此之外，为了保证独立董事能够发挥应有的各项作用，独立董事必须具有一定的专业能力，所以，相当一些国家的立法机构和市场机构提出，独立董事要具有若干年的法律、经济或者其他履行独立董事职责所必需的工作经验。

## 六、独立董事的激励和约束机制

尽管不排除个别独立董事具有崇高的道德素养，而且独立董事一般从爱护声誉角度出发也有可能尽责地维护全体股东的利益，但不能期望独立董事一直发扬风格。对人性的判断立足于经济人这个假设更为合理，尤其是在经济学意义的分析之中。

独立董事的行为动力和行为能力基于法律法规、激励合约以及法律法规与激励合约所隐性或显性负载的独立董事责权利规范。一个良好的独立董事法律规范设计或独立董事激励合约设计应该考虑独立董事的目标函数，从而有效地起到激励和约束独立董事的作用，绝不能指望独立董事在成本高于收益的状况下尽责履行对上市公司经理层等内部人的监督制衡。

在普遍意义上，主要有三类方式可用来激励和约束独立董事。

### （一）法律法规上的制度供给

无规矩不成方圆，要让独立董事履行其义务，首先必须依靠立法和司法。法律法规上的制度供给包括两个方面：第一，必须从法律法规层面上明确独立董事的具体职能；第二，必须在法律层面上规定独立董事必须按照法律法规的内容来履行其诚信义务，否则独立董事将受到监管和惩罚。

### （二）声誉担保

社会人士之所以做出任职上市公司独立董事的决策，是因为担任独立董事既可以获得物质报酬，又能够实现声誉的正向累积，所以，可以把声誉的价格视为未来更高收入带来的现金流所对应的贴现值。将这一贴现值和独立董事现实报酬相加就是出任独立董事所获得的实际总报酬。

要提高声誉的价格就要求整个社会拥有良好的个人征信体系。如果没有征信体系的存在，独立董事所获得的实际报酬仅仅表现为从上市公司中获得的现实报酬。如果这一现实报酬低于担任独立董事所付出的成本，那么被邀请者将不会出任上市公司独立董事。在个人征信体系极不完善的情况下，只有当上市公司支付的现实报酬高于独立董事的种种成本，被邀请者才愿意出任独立董事，拿自己的声誉为上市公司提供担保。

## 七、独立董事的权利界定研究

尽管公司治理假设独立董事能够代表股东利益，在股东和经理的委托代理关系中能够代表股东来监督经理，但是，无论是理论研究还是实践思考，都应该看到独立董事有其独特的目标函数，这一目标函数是接近于股东的目标函数，还是接近于经理层的目标指数，直接影响着独立董事制度的有效性和公司治理结构的成效。

### （一）独立董事的权利框架

独立董事的各项权利散见于以下文件：
（1）各国有关独立董事的证券立法；
（2）证券交易所等自律机构颁布上市规则、独立董事制度操作指引等文件；

（3）上市公司制定的章程和议事规则；

（4）上市公司与独立董事签订聘用合同。

为了便于理解，使独立董事的权利框架更有逻辑性，笔者借用项目管理中的方法论，将零散的各类独立董事权利分为输入（inputs）、工具（tools）和输出（outputs）三大类。

独立董事行使职责的前提是要获得信息和激励。输入部分的独立董事权利主要包括独立董事的信息知情权和调查权以及独立董事的报酬请求权。工具是连接输入和输出的桥梁，具体来说，就是上市公司独立董事可以采用的一些手段和措施，工具部分的独立董事权利主要包括参与董事会决策权、提案权、征集投票权、董事会召集权、否定权和特定的请求权。输出部分就是独立董事在获取信息和采取行动的基础所做的决策结果。输出部分的独立董事权利主要包括发表独立意见权和声明权。

### （二）输入类权利

属于输入类的独立董事权利主要有两类：一类是信息知情权和调查权，另一类是报酬请求权。前者是独立董事判断和采取行动的基础，后者是独立董事作为经济人愿意向全体股东提供服务的动力。

1. 信息知情权和调查权

信息不对称严重地阻碍独立董事做出判断和发起行动。造成信息不对称，有独立董事本身理解能力有限的原因，如技术领域的独立董事对财务报表很难理清其中的各项经济含义，但更多的是上市公司经理层等内部人隐匿、过滤、谎报信息，使独立董事在缺乏信息的前提下难以高效准确地履行对经理层的监督评价功能。所以，信息知情权和调查权是独立董事拥有的一项最基础权利。信息知情权和调查权要保障独立前中能够及时、准确、全面获得有关的信息和资料。

根据各国立法和相关机构提出的公司治理指引，笔者归纳出独立董事拥有的信息知情权和调查权主要包括以下的内容：

（1）拥有定期从公司获得有关信息的权力，如公司年度、月度和季度的经营状况、财务状况、公司管理制度、公司战略、投资、研发报告等；

（2）有权与包括上市公司客户、供应商、职工、中层管理人员、技术人员等在内的众多利益相关者进行交流，亦有权与包括内部董事和独立董事在内的其他董事之间进行交流；

（3）有权就有关问题直接向包括董事长、总经理及相关人员在内的上市公司内部人进行问询，有关人员不得拒绝，且应对其提供材料的真实性负责；

（4）拥有对公司的财务报表、关联交易和分红派息方案进行全面审查的权力，确保公司在这些方面的行为符合法律和法规的要求，并且符合公司的整体利益和全体股东的利益；

（5）有权使用公司资源利用外力来"翻译"所获得的上市公司信息，例如，有权聘请和上市公司不存在业务关系的独立中介机构出具审计报告、独立财务顾问报告或咨询报告，作为其发表独立意见的依据。

中国证监会发布的《关于在上市公司建立独立董事制度的指导意见》（本书简称《指导意见》）对独立董事的知情权和调查权也有相应规定，如独立董事可以聘请外部审计机构和咨询机构。对华东地区69家上市公司105名独立董事所做的抽样调查也显示，有近八成的独立董事认为有必要或很有必要聘请独立的外部机构来提供专业意见。但在实践中，只有6.6%的独立董事聘请过外部审计机构和财务顾问。[①]

2. 报酬请求权

独立董事有权为他所付出的服务从上市公司获得现实的经济报酬。独立董事所获得的经济报酬主要包括股票、股票期权、长期奖金、年度报酬和车马费等。

### （三）工具类权利

工具类权利也可以称为过程类权利，是独立董事在报酬的驱动下，获取信息所采取的行为。工具类权利主要包括：参与董事会决策权、提案权、征集投票权、董事会召集权、否定权、其他特定的请求权等。

1. 董事会参与决策权

作为董事会成员，独立董事的基础权利就是参与董事会的决策，具体的决策权利依据公司法和公司章程的相关规定。从独立董事享受董事的一般权利出发，独立董事的行权过程不应脱离董事会而单独存在，但其意见的形成可以在董事会会议之前形成。

2. 提案权

独立董事作为公司利益和全体股东利益的代表，应享有一定的提案权，具体表现在以下几个方面：

（1）独立董事有权向董事会提请召开临时股东大会；

（2）聘用或者解聘会计师事务所的动议权，即独立董事可以向董事会提议聘

---

① 参见大律师网（http://www.maxlaw.cn）2018年发布的文章《我国独立董事制度实施情况还存在着一些不足之处》。

用或者解聘会计师事务所；

（3）有权向董事会提出任免董事、聘任或解聘高级管理人员的动议，当提名委员会存在情况下，此项职能通常由委员会具体负责，独立董事通过影响、控制提名委员会来提出任免动议；

（4）有权提出董事、监事和高管人员的薪酬方案，在有薪酬委员会的情况下，此项职能通常由薪酬委员会具体负责，独立董事通过影响、控制薪酬委员会来表达对薪酬安排的意见；

（5）独立董事有权向股东大会和董事会提出其他有关议案。

3. 征集股票权

为避免股东大会成为大股东的一言堂，法律强制或上市公司有必要向独立董事赋予征集投票权的权利。应允许独立董事在收到召开股东大会的通知时有权公开向股东征集投票权，具体的程序可以由董事会根据有关的法规在上市公司独立董事工作制度中明确规定，这既可以考虑到公司的具体特点，也可使征集投票权的工作具有可操作性和规范性。

4. 否定权

由于董事会往往被大股东或内部人所控制而形同虚设，在法律上赋予独立董事合适的否定权可以在一定程度上削弱这种不利的影响以构成独立董事对大股东和经理层的制衡。

鉴于大股东和经理层损害上市公司和中小股东利益多通过投资、关联交易和利益分配等手段进行，因此，独立董事的否定权主要体现在对投资和关联交易的否定方面。例如，我国规定，对公司的重大投资（投资总额在 1000 万元或占公司最近经审计净资产的 5% 以上）、重大关联交易（上市公司拟与关联人达成的总额高 1300 万元或占公司最近经审计净资产 5% 以上的关联交易）和利益分配行为（包括对董事和高管等人员的报酬给付、利润分配方案等），独立董事具有否决权。

5. 其他特定的请求权

为了使独立董事更全面地发挥其独立监督的职能，不少国家的治理准则和机构提出的治理最佳做法往往赋予独立董事以下几个方面的请求权：

（1）有权就可能会损害公司和中小股东利益的事项向董事会和高管团队提出质询，相应人员不能拒绝；

（2）除出现有关法律法规、规章制度以及公司有关制度规定的不得担任（独立）董事的情形外，独立董事任期届满前不得无故被免职，提前免职的，公司应予以披露并说明免职的理由；

（3）独立董事有权就其履职期间受到的不公正对待向董事会和股东大会提起申诉等。

### （四）输出类权利

输出类权利主要表现为独立董事拥有发表独立意见权和声明权。

1. 发表独立意见权

在较为充分的信息知情和调查的基础上，独立董事有权对有关事宜做出独立、客观的评价。评价过程本身实际上就是独立董事发挥其职能的过程，但独立董事的监督职能不可能包括所有的事项，而主要集中于一些比较重大的问题。独立董事发表独立意见权主要表现在以下几个方面：

（1）对董事会及其成员和经营管理层及其成员进行监督，并在公司定期披露的报告、董事会决议或以其他适当的方式公布评价结果；

（2）对重大关联交易进行独立评估，发表独立意见，然后提交董事会讨论；

（3）对重大投资决策发表独立意见，并记录在案；

（4）对公司的管理制度、内控机制以及激励机制等发表意见，并在年报中予以披露。

2. 声明权

声明权是指独立董事在任职期限尚未届满而被上市公司免职后可以发表相应声明。声明权的存在，可以对董事会内生性起到一定的抑制作用。可以设想，如果允许独立董事因为试图推翻经理层不成而被免职后发表声明，则有助于其他董事和全体投资者获知信息，从而减少信息不对称所造成的判断失误。而被解职独立董事发表和上市公司经理层针锋相对的声明也有较高可能援引监管机构的进入，打破上市公司内部人控制的铁幕。此外，对独立董事本身的未来发展而言，如果独立董事所作声明符合事实，则独立董事被解职这一事实将作方向相反的释义，即从原来理解为独立董事能力存在问题转化为独立董事因为具有较强的监督和分析能力而被经理层控制的上市公司解职。后一种解释无疑有助于提升独立董事的声誉和人力资本的正向积累。

## 八、法律意义上的权利类别

### （一）建议权、执行权和监督权

按照上市公司独立董事权利性质的不同，独立董事的权利可以分为建议权、执行权和监督权三大类。建议权是指独立董事对上市公司事务提出建设性意见的权利。建议权可以供讨论，且在讨论获得通过之后贯彻实施，例如，独立董事可以向董事会提请召开临时股东大会和董事会。执行权是指独立董事的职责所要求或许可的，允许独立董事在具体某个机构对具体事务进行实际作为的权利。例如，董事会设有独立董事主控的审计委员会等监督性职能委员会，独立董事有权在这些委员会中做出决策并付诸实施。监督权是指独立董事特别职权所赋予的、对一定范围和对象行使监察、督导的权利。监督权是独立董事最为重要的一项权利。独立董事能否对董事会和经理层等上市公司内部人行使应有的监督权，决定着独立董事制度的基础是否坚实，决定着独立董事制度是否能够成为公司治理结构的中流砥柱。

### （二）抗辩权和调控权

抗辩权是指对抗相对人行使请求权或其他权利的一种权利。例如，为了对抗大股东的股权表决优势，避免股东大会成为大股东的一言堂，独立董事可以公开在上市公司中小股东中征集股票表决权。这种行为事实上形成了对大股东具有的优势表决权利的抗辩。调控权指权利主体可以直接支配权利对象。例如，在独立董事的延期审议权中，两名或两名以上的独立董事认为资料不充分或论证不明确时，可以联名以书面形式向董事会提出延期召开董事会会议或延期审议该事项。此类权利具有相对控制的意义，行使该权利时无须附加其他任何条件。

### （三）绝对权和相对权

按效力和范围的不同，权利可分为绝对权和相对权。绝对权是一种效力及于公司一切人的权利，它的义务人是不确定的，公司任何人均负有不妨碍其实现权利的义务。如，独立董事独立履行职责权，不受公司主要股东、实际控制人以及其他与上市公司存在利害关系的单位或个人的影响。上市公司有关人员应当积极配合，不得拒绝、不得隐瞒、不得干预其独立行使职权。相对权是效力仅及于公司内部特定部门、特定人员的权利，相对权的主体必须通过特定义务人适当履行义务，才能实现其权利。例如，知情权中独立董事所需要的相关材料，按董事会内部分工应由董事会秘书准备和提供，这时的相对义务人就是董事会秘书。

### （四）主权和从权

根据各类权利的相互关系划分，将独立董事享有的权利分为主权利与从权利。主权利指互有关联的两个以上的权利中可以独立存在的权利；从权利是指互有关联的两个以上的权利中必须以其他权利存在为前提的权利，从权利随主权利的存在（消火）而存在（消灭）。例如，某些关联交易应由独立董事认可后提交董事会讨论；独立董事做出判断前，可以聘请中介机构出具独立财务顾问报告，作为其判断的依据。在此，独立董事的监督权是主权利，独立认可权和独立聘请权是从权利。

### （五）原始权和救济权

按权利形成的特点和目的划分，独立董事享有的权利可以分为原始权与救济权。原始权是指由符合法律要求或不违反法律规定的行为而形成的权利，独立董事的众多权利均属此类。救济权是指因侵害原始权利而产生的权利，其目的是保护或恢复实现受损害的权利，以保护权利主体的合法权益。例如，"独立董事任期届满前不得无故被免职。被免职的独立董事认为公司的免职理论不当的，可以做出公开的声明。"这种公开声明权即在独立董事的合法权利被侵害的情况下，依法行使的自行救济权。

## 第三节　基于信号理论的领导力低效治理评估

### 一、囚徒困境模型与独立董事卸责动机

虽然在专业知识和从业经验方面，中国上市公司独立董事可能不尽如人意，但这一因素并不是中国上市公司独立董事制度效果不佳的根本原因，更不能简单地认为中国上市公司独立董事的道德风险高于外国同行而更具有卸责倾向。笔者认为，中国与外国的独立董事都属于理性经济人的范畴，之所以独立董事制度不一样，是因为土壤环境存在着重大差异。

如何改造中国独立董事制度的土壤环境，使得中国上市公司独立董事也能打破囚徒困境，将是本书后续章节分析的内容。在此，我们归纳一下中国独立董事制度土壤环境的主要问题。

（1）尚未正式建立股票期权制度，独立董事不能参与股票期权计划。

（2）尚未建立有效的股东诉讼机制。股东派生诉讼受制于法律环境欠缺，缺少对独立董事和其他董事提起诉讼的激励。

（3）缺乏独立董事履行职责状况的详细信息披露，导致社会监管力量无从对独立董事尽职情况进行监督。

（4）从法律法规到证券交易所规章制度再到上市公司章程中，缺少对独立董事参加上市公司事务的最低要求和对独立董事履职的检查，这些要求应包括投入时间和表决要求。

## 二、从信号理论分析独立董事弱效的原因

是先有外部环境要求上市公司聘请独立董事才产生独立董事这个职业，还是一些上市公司为了提升公司形象自愿自发地聘请独立董事，从而形成示范效应产生独立董事这个职业，这个问题很难有明确的回答。但是，如果我们换个角度来进行思考，会发现两个备选答案都涉及了信号问题。外部环境要求上市公司聘请独立董事，是希望独立董事能够缓和内部人控制下所造成的信息不对称，就上市公司的真实质量发出有效信号。在公司治理中走在前列的上市公司自发聘请独立董事，是希望能够通过独立董事对外发出积极信号，表示内部人自愿受到约束，提高信息披露的透明度来彰显上市公司的真实质量，从而使自己能与其他上市公司甄别开来。

尽管信号理论能够揭示独立董事的存在价值，但是，循着中国上市公司证券市场的现实制度环境，会发现很多因素制约着上市公司独立董事发挥信号理论所赋予的功能，从而导致独立董事效能被弱化，最终形成独立董事被边缘化和独立董事制度形同虚设的后果。

### （一）信息不对称和逆向选择的破解

要解决逆向选择难题，一个有效办法是引入"第三方"。例如，机械师可以对二手车的价值做出专业性的并且可以使各方都可信赖的评价，因此，机械师可以做第三方，并且有权就他所提供的鉴别服务收取费用。卖主有意愿来要求第三方对汽车质量进行评价，并将评价结果予以公布，从而能够获得比较高的出售价格。第三方的评价对买主而言是某种形式的质量担保，买主会愿意就第三方已经做出的良好评价而支付较高的价格。第三方评价服务的价格可以视为由卖主和买主来共同承担，因为卖主会将一部分评估服务的成本转嫁给买主，当然转嫁的幅度视双方的谈判能力而定。而柠檬车①的卖主呢，他不会主动寻求第三方的质量

---

① 柠檬理论是经济学家乔治·阿克洛夫（George Arthur Akerlof，1970）提出来的。柠檬理论指出与传统经济学观念"商品质量决定其市场价格"相悖，在不对称信息环境中，商品质量依赖于价格，也就是说，高价格意味着高质量，或者更进一步地讲，可以将价格作为传递和判断质量高低的信号，这是逆向选择所造成的结果，最终导致低质的产品将高质量的产品驱逐出商品市，劣币驱逐了良币。

评价，因为那样做除了要承担评价服务成本之外，还会失去浑水摸鱼的好处，其结果很可能是搬起石头砸自己的脚。当超值车的卖主普遍通过第三方评估服务来昭示自己二手车的高质量，那么，就有可能形成二手车中的超值车子市场。

超值车卖主的这一做法实际上是一种自愿性披露信息的策略。当市场上供给方良莠不齐、供求双方信息严重不对称的时候，理性的卖主会主动将产品的诱人之处通过有效的途径、采取适当的方法尽可能多地披露出去，目的是让买主相信他所提供的这一产品不同于其他产品，其优势是难以替代的。

### （二）信号理论揭示的独立董事存在价值

同样，在证券市场上也存在着信息不对称的现象，也一样会导致逆向选择的后果。而要消除或缓和逆向选择的后果，所能采用的工具还是各类信号。

证券市场上最显著的问题是，上市公司内部人与股东之间在上市公司质量方面存在着严重的信息不对称，上市公司内部人（经理）对公司质量知根知底，而投资者主要根据内部人披露的上市公司信息来形成对上市公司质量的判断基础。内部人则可以有选择地发布信息甚至依靠发布虚假信息来对投资者形成误导。

信息不对称在证券市场中尤为严重，无论美国证券市场，还是中国证券市场，上市公司内部人欺骗股东和其他投资者的案件比比皆是。

若市场上存在大量柠檬类上市公司，而投资者缺乏有效的工具和信息来辨识柠檬类上市公司和超值类上市公司，结果会是整个证券市场丧失诚信基础，投资者只愿按照柠檬类上市公司的价格来购买股票，甚至是投资者根本就不再进入这个市场。

经验教训使证券市场管理者意识到，柠檬类上市公司，特别是欺诈性上市公司的大量存在将危及整个市场，也使上市公司本身意识到了信息不对称长远将损害所有公司通过证券市场的筹资能力，即所谓"皮之不存，毛将焉附"。因此，为了减少信息不对称，增加全体股东的信任感，无论是证券市场监管层积极干预，还是包括内部董事和经理层在内的上市公司管理层出于某种利益考虑，一系列以追求"公开""公平""公正"为目标的措施陆续出台并得以深化。这些措施可以分为两个大类。

1. 市场监管者提出的最低要求

在二手车市场上，除了通过市场力量这只无形的手让超值车卖主自发地寻求评价之外，还有一种制度安排就是二手车市场的管理者要求所有进入二手车市场的二手车必须接受最低限度的机械师评价，以此来摒弃有重大质量隐患可能危害驾车者生命安全的二手车进入交易市场。

相对应地，在证券市场上，证监会和证券交易所担任着二手车市场管理者的角色，会计师事务所、投资银行等中介机构以及独立董事则可以被视为提供基本鉴证服务的机械师。证券市场监管机构通过发布信息披露规则来要求上市公司必须按照规定披露各类定期报告和临时报告，并由合格的会计师事务所、投资银行等中介机构进行尽职审查，以尽量避免严重弄虚作假的公司获得上市资格，同时减少上市公司出现重大信息披露不实的可能，让上市公司全体股东和其他潜在投资者获得最低程度的保障。证券监管机构提出最低甄别要求的一项著名规则是，上市公司年报必须由会计师事务所审计。

2. 上市公司资源信息披露和信息可信度增级

当所有上市公司满足监管者的最低信息披露要求之后，投资者区分超值类上市公司和柠檬类上市公司还是存在障碍。为提高在投资者心目中的形象和公信力，上市公司可能会采取两种途径，一是增加信息披露的内容丰富程度，自愿披露最低信息披露要求之外的信息；二是对信息可信度进行增级，如聘请以严格著称的会计师事务所提供审计服务。超值类上市公司内部人有激励来证明自己所经营的公司是超值类而非柠檬类，就像某上市公司老总所言，"我们公司跟它们不一样，我们不是上市圈钱，我们踏踏实实地做实业，我们的利润是实实在在的利润，而不是数字游戏。"

独立董事价值的一个重要体现就是，可以成为上市公司发布正面信号的工具。

（1）尽责的独立董事会推动上市公司增强自愿信息披露。有实证研究表明，香港上市公司独立董事占董事会比重越高，上市公司自愿披露的信息量就越大。

（2）独立董事也能起到增级信息可信度的作用。独立董事增级信息可信度的行为有：由独立董事对公司的决策行为进行表决，并联合其他董事对信息披露内容的真实性、准确性、及时性做出保证；由独立董事来对关联交易、收购兼并等上市公司重大交易行为做出独立判断，并对信息披露内容进行保证。独立董事的这些行为均可以提高上市公司行为和信息的公信力。独立董事这一作用类似于项目融资和资产抵押融资中的信用增级服务。可以认为，上市公司支付给独立董事的薪酬，在本质上是中小股东购买信息真实性所支付的成本。

但是，中国上市公司独立董事发挥信号作用的能力受到了多个方面的制约，在极端情况下，甚至有些上市公司内部人利用独立董事这一信号传递功能，借助独立董事的公信力来使虚假信息显得更为真实可信。

### （三）上市公司内部人串谋独董发布虚假信号的激励分析

上市公司为了在证券市场建立声誉，需要向全体投资者（包括上市公司全体股东和其他潜在投资者）发出正面信号。信号的发送和加强需要会计师事务所、律师事务所、投资银行和独立董事的介入。这四者提供介入服务，需要上市公司支付相关的费用，体现在独立董事方面，就是上市公司向独立董事支付董事酬金。因此，上市公司与独立董事之间存在契约，并且按照契约来进行交易，是属于合法合规的商业行为。

在此，我们所要分析的是以下两个相互关联的问题：第一，在什么条件下，上市公司和独立董事合法合规契约下的交易行为会由正常转化为不正当；第二，什么样的上市公司其经理（内部人）具有最强的动机来以重金或某种巨大利益诱使独立董事与己合谋。

撇开道德因素，公司寻求上市和维持上市资格的核心激励是证券市场提供筹资功能。公司为了上市和维持上市地位而开展信息披露发出正面信号，核心动机同样是为了筹资。无论是上市公司从证券市场监管层和全体投资者手中争取再融资的资格，还是大股东通过资产置换等关联交易和开展兼并收购买卖大宗非流通股权，从而把上市公司当作提款机进行套现，归根结底，都是因为上市公司的"上市"这一状态本身赋予上市公司和大股东通过证券市场筹资的可能性。所以，也可从上市公司再融资这条线索和关联交易兼并收购这条线索寻找上市公司寻求信息披露合谋中的经济解释。

一般来说，当上市公司质量很差，真实净资产收益率远远低于证监会规定的6%水平线时，上市公司为了再融资而造假被发现的概率会提高，从而导致虚假披露带来的期望收益下降，在独立董事方面，因为风险溢价的上升带来串谋预期收益的下降，独立董事也会倾向于拒绝参加串谋。所以，在这一情况下，上市公司鼓动独立董事参与串谋制造虚假信息的动机和成功概率会大幅度下降。而当上市公司质量较高，净资产收益率已经达到甚至远远超过6%的水平线时，上市公司不制造虚假信息也能获得再融资资格，这时，真实披露的收益高于虚假披露的预期收益，上市公司也会缺乏激励来鼓动独立董事参与串谋。

因此，上市公司并不是天生具有鼓动独立董事参加串谋来制造虚假信息披露的动机。在再融资这个环境中所做的分析表明，上市公司之所以会鼓动独立董事参与制造虚假信息的串谋活动，根源还在于监管更多采用有形之手而非无形之手，具有较为浓厚的行政色彩。当上市公司质量稍低于证监会规定的再融资资格要求，上市公司就会有强烈的动机来鼓动独立董事串谋。而独立董事也会因为作假幅度不大、被查处的概率较低、受惩罚的力度也较低，带来串谋的预期收益放大，会"理性地"参与串谋活动。

从监管角度，如何才能有效地抑制独立董事参与串谋活动，发挥独立董事的信息增级作用，减少虚假信息披露呢？想当然的办法是，证券市场监管机构和司法机构加大对造假上市公司和参与串谋的独立董事的稽查力度和惩罚力度。理论上，当稽查力度和惩罚力度趋向无限大（正无穷）时，谋求获得再融资资格的虚假信息发布的区域就会消失。但是，有两个问题不能得到有效解决。

（1）无论从法理上，还是在司法实践中，惩罚力度不可能趋于无穷大，因此，部分上市公司串谋独立董事制造虚假信息的动机不会彻底消除，上市公司信息披露的作假区间也不会消失。

（2）如果对独立董事施以严刑峻法，独立董事会因为风险的急剧上升而要求上市公司支付包含风险溢价的高报酬，这会大幅度提高上市公司聘请独立董事的成本，甚至导致中小型上市公司和业绩差上市公司根本没有支付能力来聘请独立董事，从而使得独立董事制度难以在整个市场上推开。

因此，从实事求是出发，制定监管原则时，除非取消对上市公司再融资资格的硬性要求，由市场（上市公司全体股东和其他潜在投资者）来决定是否支持上市公司再融资，否则，就应该承认可接受造假区间的存在。在我国证券市场从新兴证券市场向成熟证券市场过渡的过程中，如果仍然需要阶段性地规定净资产收益率等再融资的实质性条件，那么就应该在承认信息造假的合理区间存在的前提下，合理规定独立董事诚信义务的罚则，同时将主要的监管资源投入对大案要案的查处。

当然，我们也应看到，提高上市公司质量才是治本之策。从证券市场力所能及的范围内，为提高上市公司质量，一方面要健全发行市场的游戏规则和完善交易市场上的退市规则，达到优胜劣汰的效果，另一方面要改进上市公司治理结构，发挥独立董事对内部人的监督能力，达到各方力量制衡的效果。

**（四）信息不对称制约独立董事发出真实信号的环境分析**

信息不对称模型可以部分地解释，为什么某些独立董事比重高的上市公司，其长期经营绩效反而不如内部董事比例较高的上市公司。独立董事无法获知做出判断的足够信息，可能出于以下多个原因。

（1）上市公司规模过大，结构过于复杂。当公司拥有几十家甚至上百家控股子公司、参股公司和其他关联公司时，独立董事无法一一了解这些关联公司以及它们之间的关系，从而无法对关联交易做出判断。与发达国家相比，中国独立董事还面临特殊的困境，即很多企业采取分拆上市的方式，导致上市公司之上存在着庞大的企业集团，这些母公司与上市公司有着千丝万缕的联系，使得上市公司独立董事无法或无权来获知上市公司与母公司的幕后交易。

（2）由于专业领域的不同，独立董事不能胜任跨领域的工作。例如，会计师出身的独立董事可能难以理解其所服务的公司所处的行业特性，因而无法更多地参与公司的战略决策；经营出身的独立董事，可能无法更好地在独立董事主导的审计委员会中发挥积极作用。

（3）上市公司管理层故意隐瞒信息，或有选择地透露信息，使得上市公司经理（内部人）都可以凭着堂而皇之的理由，拒绝披露使用者判断风险所需要的信息。例如，安然历来以"防范竞争对手"为由拒绝提供任何收入或利润细节，把这些细节以商业秘密名义保护起来。同时，安然所提供的财务数据又故意做得过于烦琐和混乱不清，连标准普尔公司负责财务分析的专业人员都无法弄清数据的来源，更何况非财务专业出身或专职财务研究的独立董事。

（4）在中国等新兴证券市场，独立董事面临的信息不对称，还有会计制度上的原因。薄弱的会计标准体系为信息不对称提供了温床。

如果将股东投资视作股东和经理层之间签订的契约，那么，这个契约主要依赖于上市公司一些可信的收入或资产评估指标，因此，会计标准对金融合同来说非常必要，尤其是在投资者权利比较薄弱的情况下。事实上，会计体系在公司治理中扮演着一个潜在的重要角色。投资者特别是中小股东主要通过依据基准会计标准制定且披露的公司信息来了解他已经投资和将要投资的公司，除了股东之外，证券分析师、第三方评级机构以及上市公司独立董事也主要通过公司披露的会计信息来评价上市公司运作绩效。

在这一背景下，即使上市公司独立董事想在切实履行对上市公司内部人的监督权上有所作为，即便聘请外部的中介机构对公司财务做出评估，也很难得到客观真实的信息以助其做出正确评价和决策。

要打破这一状况，笔者认为应该从两个方面加强努力，一是中国会计标准体系加快向公认的国际会计标准接轨，为独立董事执行职责创造良好的外部环境，二是强制要求上市公司独立董事团队必须包括有责任心的会计专家。而在证券市场上，也可以建立一个评价标准，即把上市公司是否聘用有批评能力的会计专家和分析家担任独立董事视为上市公司是否自愿建立透明的治理结构、是否愿意向全体股东履行应有忠诚义务的标杆。

（五）政策推论

信号理论揭示出上市公司独立董事的价值很大程度上在于独立董事能够提高上市公司自愿披露信息的意愿，并切实提高上市公司所披露信息的可信度，从而使得超值类上市公司能够和柠檬类上市公司相区别，增进超值类上市公司和市场全体投资者的福利。

但是，在实践中，受到环境的制约和当前独立董事制度设计缺陷的影响，这一作用的发挥还远远不尽如人意。笔者在此将影响独立董事发挥有效信号作用的各个因素试归纳如下。

（1）上市公司内部人有激励来串谋独立董事发布虚假信号来获得再筹资的资格，特别是当上市公司业绩低于再筹资的下限但相差幅度不大的情况下，内部人有强激励来串谋或蒙蔽独立董事制造达标的业绩。

（2）上市公司内部人通过复杂的企业结构和交易结构来阻碍独立董事有效获知做出判断所需要的充分信息。在信息不对称的状况下，独立董事向市场传递的信号也会发生偏差。

（3）中国上市公司独立董事人力资源极度紧缺，导致不少独立董事的知识结构和行为能力不能满足需要。例如，高级会计人才的匮乏，使我们不能期望在短时间内就能在多数上市公司中建立由独立董事主导的审计委员会，更不能期望审计委员会切实履行监督职能。

（4）证券市场监管机构执法力量的相对薄弱，减少了上市公司内部人违法违规成本以及独立董事卸责的成本，由此产生了"劣币驱逐良币"的后果。劣币驱逐良币的效应产生在两个方面：一是劣质上市公司驱逐良质上市公司，导致上市公司造假问题；二是丧失诚信和职业道德的会计师事务所、投资银行和独立董事驱逐恪守职业道德的会计师事务所、投资银行和独立董事。会计师事务所出具虚假财务报告、投资银行从事伪劣公司包装上市以及独立董事担任花瓶董事，不但使信息不对称问题没有得到实质性改善，而且有进一步恶化的可能。

# 第四节 高效化与职业化的董事会领导力框架创建

在中国证券市场，独立董事制度若要更好地发挥作用，首先要解决股权制衡问题，股权制衡是破解董事会内生性的根本解决方案。其次，还要大力推进信息披露制度，提高信息的透明度，使得信息易于理解和易于获得，在这方面，笔者特别关注会计标准和会计质量。

在外部环境有所改善的情况下，我们将视角落到董事会范畴。笔者认为，为了简化委托代理关系，减少代理人之间的冲突，避免代理人之间的冲突为经理层等上市公司内部人所利用，一个现实的解决方案就是建立高度独立的单层董事会结构，以此来取代董事会、监事会并存的双层结构。至于采取董事会单一结构之后，董事会的独立性则可主要由独立董事制度予以保障。

## 一、形成制衡体系的基础构架

公司治理的核心在于制衡两字，公司治理结构是一项旨在建立制衡体系的系统工程。独立董事制度是这个制衡系统工程的一个组成部分，其本身不足以构成制衡的底架，而是基础层映射到表现层的一个重要环节。这就需要寻找制衡的底架，而非仅仅从独立董事制度范畴本身来讨论这一制度的完善之道。

### （一）制衡体系基础构架的判断标准

笔者认为，制衡体系应该有两个基础的判断标准。第一，制衡机制能够从商业利益出发自动构建制衡系统。商业利益就是经济学上的理性经济人概念，即一个自然人或法人，会从追求自身利益最大化的角度来做出决策。第二，中国上市公司面临的最大治理问题是一股独大造成的内部人控制问题，制衡机制应该能够有效改变内部人控制问题，或者减轻内部人控制问题的严重性。

从这两个标准出发，可以发现，股权制衡是中国上市公司实现治理结构从表面完善走向实质完善的制衡底架。此外，信息透明能够增强上市公司股东和独立董事对上市公司内部人的监督制衡能力，派生诉讼能增强上市公司股东对上市公司内部人和上市公司独立董事的制衡能力，故此二者也可以作为制衡底架的辅助性组成部分。

### （二）形成股权制衡格局

在中国证券市场上，一方面，一股独大带来的控股股东掠夺行为弊端明显，迫切需要在上市公司中引入独立董事制度等监督制衡制度；另一方面，一股独大妨碍了独立董事制度的建立，也破坏了独立董事制度等监督制衡制度的有效发挥。

为打破一股独大所造成的这些负面影响，就有必要推动股权制衡格局的形成。股权制衡制度，是指由若干个大股东分享控制权，通过最大股东之外的其他几个大股东，对大股东形成牵制作用，达到任何一个大股东都无法单独控制企业决策的制衡格局的制度。

股权制衡的有关理论为我国公司治理的完善提供了有益的启发。在我国当前经济转轨过程中，可通过股权的转让置换等措施形成少数几个利益相互独立的大股东，实施相互制衡，既保留了股权相对集中的好处，又能有效地限制掠夺行为，这将是短期内迅速改善公司治理的最佳选择。同时，这也符合在缺乏法律准备的国家，完善公司治理遵循功能移植优先的原则。

此外，以股权制衡为基础来推进上市公司治理结构改善，除了拥有上述积极作用之外，还能对独立董事制度产生促进作用。

## 二、建立高度独立的单层董事会结构

### （一）中国上市公司董监双层结构的问题

尽管设立监事会在理论上，可以兼顾股东之外的其他利益相关者的利益，并且代表全体利益相关者对上市公司经理层加强监督制衡，但以下几个方面问题使我国董事会、监事会并存的双层结构非但不能实现设置监事会的初衷，而且令上市公司治理结构过于复杂和多元。

1. 在设计上，监事会职权安排与其初衷有重大差异

我国上市公司治理结构在法律上，被规定为董事会和监事会并存的双层制，但在设计上又和典型的双层制有着实质上的差异。在我国上市公司中，监事会与董事会为平行的公司机关，共同对股东大会负责，监事会既无董事任免权，又无特定业务批准权，从而在职权范围和受重视程度上远远逊于真正意义上的监事会。

以德国为例，根据德国《股份法》，德国股份公司监事会有权选任和罢免董事以及董事会主席，从而为监事会对董事会实施全面监督在法律上提供了根本性的依据。同时，德国股份法还规定公司章程或者监事会可以规定特定业务只有经监事会同意才可以实施，这就体现了监事会对董事会的业务监督权。

据德国《股份法》的上述两条规定，我们可以判断，德国股份公司监事会是董事会的领导机关，而德国股份公司董事会仅仅相当于我国上市公司中的经理层。德国股份公司监事会不仅是公司监督机关，而且是重要的业务执行机关，大致相当于我国和美国公司制度中的董事会。

而在我国，上市公司由于监事会缺少类似于德国股份公司监事会的董事任免

权和特定业务同意权，因此，不可能对董事会实施强有力的监督，并且这一制度缺点在过去已经存在，在今后我国上市公司治理结构朝英美法系靠近的潮流下更无法修正。我国上市公司股东对董事会作为其代理人有高度的认同性，有着通过董事会直接参与公司经营的传统，因此，我国上市公司监事会制度从创设的开始就没有任免董事来控制董事会的权力。在"股东大会中心主义"不断衰落，"董事会中心主义"日渐兴起，甚至"管理人中心主义"初现端倪的今天，要赋予监事会以董事任免权就更加不可能。

2. 在实践中，监事会成为内部人控制的工具

公司治理中过分强调上市公司董事会的作用，导致监事会往往被忽视，而使得监事会的地位明显低于董事会，对其所起的监督作用也没什么实质性意义。在实践中，监事会往往成为内部人控制的工具而加剧了内部人控制的严重性和形式上的"合规性"。

上市公司董事会往往代表的是管理层，而监事会成员则更多由职工代表等组成。当监督者由被监督者来选定，并由后者决定其工作报酬、职业待遇和职务去留时，监督者的监督是软弱无力的，必然缺乏其应有的独立性，难以实现其公正和权力制衡，更加剧了内部人控制的严重性。在人员构成和专业素质方面，与公司董事和管理层相比，监事会成员明显处于弱势。从监事会成员的来源情况看，绝大部分公司的监事会成员来自企业内部，其身份和行政关系不仅不能保持独立，而且由于行政级别低于董事会中的执行董事，更无法担当起监督职责。

3. 在法律上，监事会承担的责任体制没有明确

无论是法律规定和实际判决，我国上市公司监事会基本上都不承担什么具体责任。中国证监会副主席史美伦曾对监事会有过这样的概括性论述："有时也有人主张应当赋予处在上市公司董事会之上的监事会以更多的权力。然而，已有的经验表明，由于监事会所代表的利益主体不明确，这种监督制度并不有效。在许多情况下，监事会复制了董事会的权利但却没有承担相应的责任。事实上，监事会的存在只是给人以上市公司中存在某种相互制约的假象。"在法律判决上，迄今尚未有上市公司监事被判罚款和向股民赔偿损失的先例。

4. 在组织上，监事会容易和董事会发生冲突和机关重置问题

中国证券市场监管机构和法律法规都要求上市公司董事会和监事会具有高度独立性，并共同履行对经理层的监督职能和对股东大会的报告职能，这使董事会和监事会很容易发生权力冲突和机关重置的问题。而且，这些问题会带来以下四方面的严重后果：

（1）两者的权力冲突被上市公司经理层所利用，经理层可能会扶植监事会来

对抗董事会，也可能会扶植董事会来对抗监事会；

（2）董事会和监事会对某个决策存在分歧，导致公司无所适从；

（3）董事会和监事会共同做出某个决策后，日后在为这个决策承担结果时会发生互相推卸的可能；

（4）当经理层出现问题时，董事会和监事会同样可能会互相推卸应负的监督责任。

### （二）以高度独立的董事会取代双层体制设计

1. 原有模式的衰落

即使在董事会监事会并存的策源地德国，监事会这一制度安排也正遭受日益严重的挑战。德国股份公司监事会，特别是大型上市公司的监事会，正有沦为橡皮图章的危险。由于上市公司的股东过于分散，经营管理依赖现代化的专业经理，所以，德国上市公司董事会在公司运作中所发挥的功能越来越重要。随着时间的推移，德国证券市场不断壮大，美国等其他成熟证券市场对欧洲大陆传统证券市场架构的影响加深，不少德国上市公司的监事会都从以往的紧密监督董事会蜕变成象征性监督董事会，这些监事会一般都是履行法定最低要求的职责，每半年甚至一年听取董事会的一次报告，对于重大事项一般也是事后批准。甚至德国上市公司监事会传统拥有的董事任免权这一利器也被某些大型上市公司的董事会架空，后者可以自行决定个别董事的去留和补任，只在监事会召开年度例会时汇报以获事后追认。

同理，中国上市公司的监事会更是受到董事会和经理层的双向挤压，这一情况，特别是当董事会为内部人所控制时，更为明显。

2. 高度独立的董事会对监事会的优势

无论是股权高度分散的美国和英国上市公司，还是股权开始分散的德国等欧洲大陆上市公司，抑或是一股独大的中国上市公司，都面临着一个共同的公司治理难题，这就是"所有者缺位症状"，这一症状的表现就是所有者缺位导致大权旁落至经理层等内部人，从而形成内部人控制现象。之所以引入董事会或监事会这一制度安排，其目的都是由董事会或监事会来代表所有者，缓和所有者缺位症状，从而对上市公司内部人形成有效制约。

笔者认为，如果监事会拥有美英等国上市公司董事会的地位，那么设置独立监事或许能够起到美英独立董事的作用，但考虑到我国上市公司董事会、监事会的权力配置，设立独立监事显然不如独立董事更为直接有效。我国上市公司监事会形同虚设的现状不是简单地靠设置独立监事和强化监事会职能就能够改变，而且纵览各国的上市公司治理最佳做法和规章，没有看到公司法规定设置监事会的国家还进行过设立"独立监事"的尝试。

3. 重点大型上市公司的有效监控

随着我国证券市场深度和广度不断提高，越来越多关系国计民生的特大型国有企业改制成为股份制公司并上市。对于这类特大型国有企业，其典型的改制上市模式是从特大型国企中剥离经营性资产或部分盈利性资产成立上市公司，原国有企业则转化为对上市公司具有控制权的集团或母公司。

这类特大型上市公司属于政府"抓大放小"中"抓大"的部分，因此，对于这类企业，除了以较高独立性的董事会单层结构来取代董事会和监事会并存的双层结构，并由国资委、国有资产管理公司和国企集团代表国有股参加股东大会和董事会之外，还可以指派官方巡视员来提高监督的针对性。

当稽查特派员直接对上市公司行使稽查功能时，若上市公司依然实行监事会和董事会并存的双轨制，监事会是稽查特派员获取信息和政府干预上市公司管理层可以考虑的路径选择。但这一安排仍然是对上市公司治理结构的体外安排。在取消监事会实行单层董事会的环境下设置巡视员，巡视员可以从独立董事以及由独立董事为主的审计委员会获取信息，在对现有管理层做出基本判断后，可以作为国有股表决人参与董事会，循股东大会—董事会这一途径来行使决策权。

## 三、促进独立董事的职业化

### （一）总体目标：公共益品的供给

由于独立董事的核心职责和价值在于对上市公司经理层、大股东等内部人进行监督制衡，为上市公司全体股东和证券市场全体投资者提供上市公司的真实信息，所以，掌握上市公司权力的经理层和控股股东缺少聘请高素质独立董事的激励机制，导致单个上市公司不愿意维持独立董事制度的高效率运作。

高素质独立董事的产生，除了依赖于他们本身具备的专业经验，很大程度上还在于他们任职一家上市公司或多家上市公司独立董事之后所形成的丰富从业经验。但由于独立董事流动性很大，当上市公司为独立董事这些从业经验的形成做出投入，而这些独立董事在任期期满后接受报酬更高的其他上市公司的邀请而离职，那么，这对原先的上市公司而言，相当于人力资本流失带来的损失。所以，从这个逻辑推理上也可以看到，因为其中存在太高的市场交易成本，上市公司依然缺少激励来与独立董事候选人建立市场化合约来聘任其作为独立董事并为其创造良好的从业环境。

高素质的独立董事是股东和上市公司迫切需要的公共益品。但是，谁都不愿意支付生产公共益品的成本。解决这一问题，可以考虑将群体组织起来，通过谈判建立购买公共益品的多边合约。例如，由一组上市公司和一组独立董事候选人签订合约，约定这组独立董事只能在这组上市公司内部担任独立董事，如果离开这组上市公司将支付较高的违约成本。但是，这样的多边合约谈判成本很高，而且在多边合约执行的监督也要投入很高的成本，因此并不现实。

鉴于独立董事是一种公共益品，存在较高的外部性，所以，一个现实的考虑是由国家来提供独立董事这种公共益品。国家有权去对公共益品的全体使用者进行征税，然后统一生产公共益品，那样的话，公共益品的生产成本就会较低，由此找到解决外部性问题的经典解决办法，即由证监会、证券交易所等监管部门和行业自律机构建立独立董事的准入机制。

（二）准入机制的导入

1. 建立独立董事人才库和候选人才库

可以要求拟出任一家或多家上市公司独立董事者，必须首先进入独立董事人才库或候选库。这一人才库的建立，一方面是有助于独立董事人才市场的建立，为上市公司选择独立董事提供必要的辅助；另一方面，也可缓和信息不对称所造成的逆向选择问题，消除上市公司经理层等内部人选择根本不具有资格但愿意与经理层串谋合作的人员进入独立董事岗位的可能。美国已经存在一些专业机构来完成这样的建库任务，例如，美国董事协会以董事登记候选计划来为上市公司选聘独立董事提供服务，其具体做法：一方面，协会的所有个人会员若有志于担任独立董事，由协会将其填写完的资料登录到董事登记名册；另一方面，当上市公司向协会提出独立董事需求申请时，董事协会将公司的特定需求信息和董事登记名册资料库中的信息进行比对，选出候选人提供给上市公司，上市公司进一步挑选后报股东大会做出是否聘用的决定。在中国，这一人才库的建立应该由中国证监会等官方机构或证券业协会等半官方机构来主导完成。

2. 建立独立董事官方培训渠道，经过培训考核后进入人才库

官方培训渠道的建立是准入机制的一个前导环节。只有通过培训才能形成职业化的独立董事，使独立董事具备起码的公司治理意识和责权利意识。在亚洲，由官方机构或自律机构提供独立董事培训已经成为一种趋势。

3. 对独立董事建立个人征信体系

如果独立董事所在的上市公司发生公司治理的重大问题，且独立董事被证明

不能免责，那么他在征信体系中所处的等级将被降低。此外，征信等级还可考虑独立董事投入到上市公司事务处理的时间以及独立董事在董事会会议中的缺勤率。独立董事的个人征信状况应该予以公告，如通过中国证监会或证券交易所、证券业协会的网站向全社会公布，从而接受社会舆论的监督。同时，用互联网发布独立董事征信状况，方便社会舆论与证券监管机构对独立董事评级进行调整。

4. 建立市场禁入机制

当独立董事在征信体系中被降低到最低等级后，可以由中国证监会或其他自律机构宣布取消该人担任该上市公司独立董事的资格，并可酌情处以禁入年限。若独立董事所在上市公司发生极其重大的公司治理问题且独立董事被证明不能免责，则可以直接处以当事独立董事市场禁入。

由于准入机制的导入目标是向证券市场、上市公司和全体投资者提供公共益品。所以，准入机制的运作成本，如建立人才库并通过网络向全行业发布、对独立董事提供官方培训、建立和维护征信体系的评级系统，应该由中国证监会和其他监管自律机构从其向证券市场交易行为收取的监管费用和从其向上市公司收取的上市费用中支出。如果当前监管费用或上市费用的收费标准不足以弥补公共益品的供应成本，则可以适当提高收费标准或改变收费规则，如要求上市公司按其经营规模或市值缴纳用于支付公共益品成本的监管费。

## 四、建立平衡的权责体系和履职监管力量

### （一）总体目标：权利明晰和责任适度

权利与义务相统一是法律的一般原则，要让独立董事真正能够发挥对上市公司内部人的监督制衡作用，为上市公司股东和证券市场全体投资者提供真实的上市公司信息，也需要赋予上市公司独立董事对称的权利与义务。

目前，上市公司独立董事还存在着明显的责权利不对称的情况。如体现在法律规定上，董事的责任与义务比较明晰，而董事的权利则较为模糊，公司法、独立董事相关指引以及公司章程通常只有对董事会整体职权的一般规定，而没有对董事和独立董事个体权利的规定。

因此，有必要修改相关的法律法规和规章制度，增加对独立董事权利的具体规定。例如，独立董事的权利通常只是出席董事会和对董事会决议进行表决的权利（包括对关联交易的表决），但在董事会会议之外，独立董事到底应该享有哪些权利，比如独立董事是否享有董事会的召集权、提出议案权、股东大会或临时

股东会议的召集权和提出议案权，是否享有公司管理人员任免的提议权、公司管理事务的质询权、财务账册的查阅权等方面，都缺少具体的、强制的、统一的规定。而在这其中的某些具体权利，恰恰是独立董事为主的两个监督性职能委员会发挥作用的基础。

而关于独立董事的义务，笔者认为，一方面存在独立董事责任义务规定过重，另一方面，又缺乏股东对违背诚信义务的独立董事进行追索的法律机制。

在董事责任义务确定方面，有必要对独立董事和其他董事进行区分。目前，只要发生上市公司违法违规行为，只要存在追究董事责任的事实，就会对在董事会决议上所有签字或参与此项行为的董事追究责任。而从实事求是的角度来看，不同类别的董事享有的权利和承担的义务本来就有所不同，各类董事其履行职责的环境和条件也存在差异。内部董事因为兼任公司经理层的席位，享有独立董事不享有的特殊职权，直接参与上市公司生产经营的全过程，能够获得独立董事所不拥有的信息。而独立董事大多只是参与董事会会议，一般不介入上市公司的具体经营业务，所以，独立董事和内部董事之间存在着明显的信息不对称。考虑到两类董事之间的职权差异和信息不对称，按照科学、合理的处罚责任的归责条件，这两类董事对同一个董事会行为的主观过错状态也不可能完全相同。因此，在司法实践中，有必要实事求是区别对待地追究不同类型董事不同的责任，力求符合法律责任追究的一般原理。

尽管司法实践要求只要董事签字他就要和其他一起签字的董事承担相同的责任，但在实际上，上市公司股东又缺乏对董事的追索能力，同时也缺乏对独立董事的追索意识，因为他们基本上也认同独立董事作为"花瓶董事"无责可追的矛盾。所以，在区别独立董事和内部董事不一样的签字责任时，也需要建立股东对包括独立董事在内的上市公司全体有责董事的追索能力。笔者认为，由于证券市场监管机构对独立董事的惩罚能力不在于体现追索而重在降低独立董事的资信评级，甚至发出市场禁入令，所以，就需要在法律环境上为派生诉讼的展开创造条件。此外，可以考虑利用的市场机制是强化媒体的监督能力，从而增强独立董事违背诚信义务所要承担的人力资源损失成本。

### （二）以董事会职能委员会为核心完善监督机制

根据国际上所提倡的上市公司治理方法指引，独立董事应该拥有三类董事会职能委员会的主导权，即审计委员会、薪酬委员会和提名委员会。审计委员会控制着上市公司信息的真实性，是体现独立董事向外界传递上市公司质量的真实信号这一价值的基础平台；薪酬委员会和提名委员会分别控制着经理层等上市公司内部人的报酬和任职资格，直接影响着经理层效用函数的两个关键值：收入和任职稳定。

实现提名委员会的法定功能，关键需要解决以下两个障碍。

一是必须存在一个较为发达的经理市场，使得提名委员会能够从这个经理池子中选择合适人选担任上市公司董事或经理。目前猎头行业发展迅速，可以为提名委员会提供一些支持，但这些支持离一个发达的经理市场所能提供的支持还有很大的差距。

二是要消除上市国企的国企惯性，特别要消除上市企业总经理层和董事任命由党建机构或集团公司母公司乃至政府控制的行业协会决定的问题，国家股东的利益应该通过董事会和股东大会来实现。

### （三）构建独立董事责任保险制度

1. 中国上市公司董事保险制度的推行情况

2001 年 8 月，证监会发布的《关于在上市公司建立独立董事制度的指导意见》提出"可以建立必要的独立董事责任保险制度"，首次以政策的形式在国内理论界提出独立董事责任保险相关概念。2002 年 1 月 7 日证监会与国家经贸委共同发布《上市公司治理准则》，在第二节"董事的义务"中进一步明确提出"上市公司可以为董事购买责任保险"。2002 年 1 月 15 日，最高人民法院发布《关于受理证券市场因虚假陈述引发的民事侵权纠纷案件有关问题的通知》，规定上市公司董监高侵犯股东利益的行为要承担民事责任，投资者可以依法对实施侵权行为的机构和个人提起民事赔偿诉讼，引发了董事责任保险（董责险）的现实需求。

中国上市公司董事保险起步的直接诱因是《上市公司治理准则》（以下简称《准则》）的出台和法院开始受理证券民事诉讼案。前者解决了董事赔偿责任的立法问题，后者解决了董事赔偿责任的司法问题。在有法可依有法必依的前提下，上市公司董事和高级管理人员开始切实面临民事赔偿风险。而保险公司则从中看到了商机。《上市公司治理准则》规定，上市公司董事和高级管理人员给公司及股东造成损失的，要承担民事赔偿责任。与此同时，《准则》也首次明确指出，经股东大会批准，上市公司可以为董事购买责任险。

事实上，对平安保险推出的董事责任险做分析，也可以看到，董事责任险所保障的范围并不大。平安的董事责任险主要有两个功能：第一，当被保险人发生索赔，保险可以提供被保险人进行抗辩所花费的诉讼费用；第二，公司董事在行使职权行为时面临因为过错行为导致第三方遭受经济损失而依法应承担的经济赔偿责任，此中所指的过错行为主要包括"违反义务的行为、过失行为、与事实不符的陈述、误导股东的陈述、应作为而不作为或其他过错行为"。

2. 推行独立董事责任保险制度的必要性

我国公司赴美上市遭遇证券诉讼的案件频发，2019 年累计有 32 家公司在美 IPO 上市，共有 17 家公司在美遭遇集体诉讼。瑞幸咖啡财务造假引发的针对中概股的证券集体诉讼加之新冠疫情的影响，中概股在海外集体诉讼事件呈现密集性增长。对于中概股上市公司而言，投保董责险作为赴美上市中概股的标准程序之一，已经有超过 90% 的美国中概股公司投保董责险，作为公司治理中的关键性的制度安排，董责险有助于保障投资者的合法权益以及保护无过错的董事高管人员。但是中概股集体诉讼案件往往赔付金额巨大、诉讼过程持久，导致保险市场承保能力稀缺而且保费费率持续上升。

2020 年 3 月 1 日，新《证券法》正式实施向证券市场释放两大新信号。其一是加大对董监高的监督以及处罚力度；其二是加大中小股东的保护力度，关注长期以来股东索赔困难问题，探索适应我国国情的证券民事诉讼制度。董监高逐渐成为市场的问责主体，独立董事的诉讼风险随之增加。

独立董事作为上市公司董监高中的一员，虽不直接参与公司的运营，但在董事会中享有表决权，往往会被卷进关于公司经营的诉讼之中，独立董事逐渐增加的法律风险与尚未完善的保障措施之间的矛盾日益显著。在新环境下，由于证券市场相关制度的完善以及投资者自我保护意识的增强，独立董事被追究民事责任的事件频发，独立董事的履职面临着更高的风险与更大的挑战。

基于独立董事地位的特殊性，以及新《证券法》对独立董事民事责任追究体系的完善与独立董事遭遇的现实诉讼风险，当前针对公司所有主体设计的董事责任保险已经不能满足独立董事转移风险的需求，我国需要构建专门的独立董事责任保险制度。

3. 董责险无法取代独董险的具体原因

首先，董事责任保险的被保险人是否包括独立董事存在不确定性。在董事责任保险中，保险合同可约定的被保险人范围广，甚至独立董事能否成为董事责任保险的被保险人也可由合同双方商议决定。保险公司通常事先获取公司相关独立董事的信息，并进行相应的尽职调查，以确定是否将其纳入被保险人的范畴，独立董事的风险保障存在极大的不确定性。

其次，董事责任保险有最高的责任限额，当第三人索赔金额巨大且被保险人众多时，独立董事的风险无法得到完全的保障。此外，实务中可能出现一种情况，即在保险期间内，除独立董事以外的其他主体的理赔额度已经超出最高责任限额，则独立董事的赔偿责任无法得到转移。

最后，董事责任保险的保险责任范围未考虑到独立董事所承担的法律责任与普通董事的区别。董事责任保险中的保险责任范围主要考虑的是普通董事应尽的职权，而未考虑到独立董事的特殊职权。我国公司法对独立董事的功能定位在于制约与平衡，而公司其他董事与高管的职权在于公司具体事务的经营管理，两者有着本质区别。根据权责相一致的原则，独立董事的法定责任与公司其他董事及高管有所不同，进而决定了独立董事责任保险与一般董事责任保险的保险责任范围具有差异性，两者不能混为一谈。

4. 完善中国上市公司独立董事保险制度

具体到完善中国上市公司独立董事保险制度，笔者认为，可以从三个方面入手。

（1）建设好相关的法律环境。国际证券市场上，董事责任险承保的对象是董事会决策失误导致公司遭受损失的风险。中国证监会与国家经贸委联合发布的《上市公司治理准则》的第 38 条"董事会决议违反法律、法规和公司章程的规定，致使公司遭受损失的，参与决议的董事对公司承担赔偿责任"，这是第一次在法律意义上明确董事对上市公司负民事赔偿责任。但董事责任险承保范围并不包括董事的故意欺诈行为对公司所造成的损失，如平安保险推出的董事责任险中就明确规定欺诈、犯罪、恶意或故意行为等六条规定行为不在保险公司负责赔偿范围之内。因此，需要在法律上进行配套，建立起完善的证券民事赔偿制度，如将董事决策失误导致公司遭受重大损失列入应承担民事赔偿责任之列，从而使董事责任险能够发挥出保护股东权益、规范董事行为的作用。

（2）建立独立董事的征信制度。尽管保险公司在确定股东权责任险的费率时，会考虑到上市公司的资产总额、营业性质、财务状况、管理水平、诉讼经验、所有权归属类别和责任限额等因素，但是保险公司更应该对上市公司和独立董事建立征信记录，并且实现征信资料在行业内共享。在建立征信制度并且实现征信资料业内共享的基础上，对有不良记录的上市公司和独立董事收取较高的保费，甚至对有严重不良记录的上市公司和独立董事拒绝提供承保服务。若保险公司拒绝为上市公司、高级管理层和独立董事提供董事责任险，对这样上市公司而言，其资信已经降为可摘牌程度，对独立董事而言，他的职业生涯也到此结束。这方面，保险公司基于商业目标的独立董事征信制度可以和中国证监会等监管机构、自律机构所提出的独立董事征信评级制度相结合，起到互相推进的效果。

（3）强制推行董事责任险，并作为公司和董事的评判标准。构建使董事责任险发挥作用的环境是一项系统工程，除了以上两个环节之外，还需要证券市场监管机构强制推行董事责任险，并将上市公司能否找到董事责任险的承保公司作为公司特别处理乃至摘牌的一项判定标准。在公司其他大部分董事获得承保的前提下，将单个董事能否获得承保作为董事任职资格的一项标准，规定董事（包括独立董事）不能获得董事责任险就不能担任董事。

### （四）强化媒体监督能力

媒体监督功能是净化证券市场、提升公信力的重要手段。成熟证券市场的财经媒体拥有相当大的影响力。美国财经媒体向来有着"扒粪"传统，美国证券市场上安然、世界通信、施乐等巨型公司和安达信这样的国际一流会计师事务所的垮台，美国媒体对其丑闻不遗余力的报道是一个重要因素。对上市公司拥有正当的报道权和批评权是媒体言论自由权的重要组成内容，也是媒体发挥监督功能的重要体现。

具体而言，媒体监督能力至少能在以下三个方面发挥推进平衡的独立董事法律责任体系建立的作用。

（1）强化媒体对上市公司行为，特别是董事会黑幕行为的监督和揭批能力。媒体的这一类行为可以提高独立董事违规成本，加强对独立董事的威慑力，使独立董事慎于参加内部人主导的串谋行为。此外，在促进中小股东发起对上市公司的集体诉讼方面，媒体也正发挥着越来越重要的作用。集体诉讼增强了中小股东的诉讼能力，让包括独立董事在内的上市公司董事群体感受到违规成本迅速提高的压力。

（2）当独立董事履行诚信责任受到上市公司内部人违规制约时，媒体能够帮助独立董事履行监督职能。媒体的这一类行为可减少独立董事履行诚信责任的成本并提高履行诚信责任的收益，表现为独立董事抵制内部人控制时能够通过媒体获得社会公众、证券市场监管者乃至司法机关的支持，能够通过媒体的广泛披露来公开验证独立董事对独立和诚信责任的坚持，既能避免公司违法和内部人违法的牵连（表示为成本的下降），又能提高自己名声，为今后的职业生涯奠定良好基础（表示为外部收益的产生）。

（3）减少信息不对称的严重性，间接为独立董事提供决策支持，特别是提供上市公司内部人可能重大违法违规行为的信息线索。上市公司经理层、内部董事、独立董事、全体股东和投资者之间存在着严重的信息不对称。以中国证监会为首的证券市场监管机构有当然的责任和义务，通过制度设计和执法行为，来预防、监督和消减信息不对称，但由于监管机构自身和上市公司之间也存在信息不对称，加上监管机构人力资源配置不足，监管机构消除信息不对称的能力受到大大制约。在这一环境下，媒体在解决中小股东和大股东之间、内部董事和外部董事之间的信息不对称上有不可替代的作用。当独立董事任职的上市公司有重大违规违法的倾向时，媒体及时的揭批能够帮助独立董事了解黑幕，从而采取保护上市公司全体股东利益和保护独立董事自身的合适措施。

### （五）构造高效透明的独立董事激励制度

1. 总体目标和安排原则

独立董事激励制度，直接关系独立董事的行为动机和行为能力。激励制度的根本目标是运用合适的报酬工具或报酬组合（compensation package），使独立董事从一个经济人的立场出发，为追求自身利益最大化而表现出良好的职业道德。除了双向能力之外，激励报酬方案还是一只无形的手，以市场力量驱使上市公司独立董事在博弈矩阵中最后采取尽责的策略。

一个高效的独立董事激励报酬制度应能满足以下全部或大多数条件：

（1）能够使独立董事和公司利益一致而非和控股股东或管理层利益一致；

（2）能够发挥激励作用，使独立董事的报酬同公司的绩效相挂钩；

（3）促使独立董事及时发现上市公司管理层的重大经营过失；

（4）具有高度透明性，全体股东能够监督这一激励制度的实施。

2. 各类报酬工具的比较

总体而言，上市公司可以运用的独立董事报酬支付工具可以分为固定报酬工具和浮动报酬工具。

固定报酬工具的特点是独立董事从这类报酬工具中所获得的收入相对固定，基本不和上市公司绩效和独立董事本人的履职尽责状况发生直接关系。固定报酬工具有年度报酬、车马费、长期奖金等。

浮动报酬工具的特点是独立董事从这类报酬工具中所获得的收入变化幅度较大，直接和上市公司绩效以及独立董事本人的履职尽责状况挂钩。浮动报酬工具有发放给独立董事的股票、认股权、可转换债券、由模拟期权折算的风险奖金等。期权由于具有很高的杠杆率，对上市公司绩效、股价变动最为敏感。向独立董事授予股票、期权以及其他浮动报酬工具，其出发点和经理层持股制度的原理一样，即让独立董事的报酬和上市公司绩效相挂勾，从而使独立董事的目标函数向全体股东的目标函数靠拢。

3. 政策建议

（1）扩大独立董事的股票及其期权激励。独立董事不宜持有其任职上市公司的股权，如香港交易所规定独立董事持股比例不得超过上市公司股份总额的1%，这似乎是公司治理关于独立董事薪酬的主流观点。目前，我国在上市公司独立董事制度最佳做法或各类规章制度性的指引中，也没有明确规定独立董事可以接受股权报酬。其中的理由可能是，一方面，独立董事多数属于风险规避型的，倾向接受固定报酬；另一方面，股权报酬会使独立董事与内部人合谋操纵股价从中谋取个人利益。但笔者认为，虽然独立董事所持有的上市公司股份占上市公司总股份的比重不宜过大，但应该激励上市公司向独立董事发放股权激励，鼓励独立董事持有上市公司股份。

上市公司向独立董事提供股票及其期权激励视公司具体情况而有所不同。但为起到激励作用，同时减少独立董事和经理层等其他内部高管人员合谋的可能性，独立董事的股权激励制度一般应遵循以下四个原则：

一是股票或期权数量对上市公司来说不应过大，但对于独立董事个人又具有足够的吸引力；

二是独立董事持股计划应比照其他董事或高管人员的持股计划相应制定，但具体规则应有所区别；

三是为了避免内幕交易的发生，和上市公司其他高级管理人员一样，在任期内，独立董事只能买入股票而不能卖出，甚至在离职后一定时期内也不能转让或卖出其持有的公司股票；

四是独立董事不能向他人转让股票期权，在任期内及任期结束后三个月内不能行权，而且在行权后半年内不能转让股权。

鉴于中国大部分上市公司都拥有数量不少的非流通股，笔者认为，可以考虑由上市公司回购一些非流通股，作为向上市公司独立董事支付股权报酬的股份来源。

（2）缩小长期奖金、年度报酬和车马费等固定报酬所占的比重。上市公司向独立董事提供的报酬安排可能不包括股票或期权，但通常都会包括长期奖金、年度报酬和车马费。和股权报酬相比较，长期奖金、年度报酬和车马费属于固定报酬安排，且由于金额较小，对独立董事的激励效果可能不够显著。而且，小额报酬会使独立董事更像上市公司聘用的智囊团或顾问人员，不用为上市公司经营结果负实质责任，不论是独立董事自己，还是上市公司、投资者，或者是监管者或司法机构，都可能会受到这种感觉的影响。

（3）可以考虑利用可转换债券向独立董事授予期权。让上市公司董事会成员和高级管理层购买并持有可转换债券，以此驱使董事会成员的目标函数接近股东的目标函数。

# 第三章　董事会领导力与企业绩效评估

## 第一节　董事会领导力对企业绩效影响的机理分析

### 一、董事会的功能定位及其对公司经营绩效的影响

通过对董事会功能的研究发现，学者们虽然对董事会的角色有不同的分类方法及命名，但是对董事会应该发挥何种功能已经达成共识。一般来说，可将董事会的功能归纳为资源功能、服务功能、战略功能和控制功能四项。众多研究表明，董事会的资源、服务、战略及控制功能的行使在很大程度上受董事会治理结构的影响。

#### （一）资源功能

董事会的资源功能是指董事会成员通过与外界的接触，协助公司获取关键的资源。资源功能主要包括：选用具有专业知识和管理才能的人员加入董事会，获取有利于公司未来发展的各种有益资源。通过执行资源功能，董事会能够提升自身的行政管理水平，充分获取各种人力、物力资源，从而提高公司的运营效率和业绩。如决定邀请一个新的董事会成员时会考虑其是否能为公司带来关键的资源；或者当公司想要进入一个新产业或市场时，也会依赖外部董事多样化的知识背景，并且外部董事也可能扮演该组织与其他组织联盟的桥梁的角色。

#### （二）服务功能

董事会的服务功能是指董事会能够主持公司内部的重要仪式，促进公司与外部环境和谐相处，从而提高公司的地位和声望。服务功能主要包括：第一，在社会上，董事会代表公司利益，将公司与外部环境联系起来；第二，在公司的经营活动中，董事会主持股东大会，或者主持由各利益相关者参加的大会。通过这些服务活动，董事会可以提高公司的地位、声望、对其义务的承诺并在决策过程中考虑社会利益，保证公司的生存。

从现代管家理论的角度来分析，董事会引入独立董事可能会影响其团队合作，导致决策效率降低，从而影响公司绩效。这是因为独立董事很难如内部董事一样对公司有一个全面认识以及拥有完全的信息。但独立董事能够提高公司的声望，尤其是对上市公司而言，拥有足够数量且资历深、德高望重的独立董事能使人们相信公司的诚信度，会提高该公司财务报表的可信度，可以影响公司的股票

价格，进而影响公司的价值。

### （三）战略功能

董事会的战略功能是指董事会能够协助管理层制定和执行公司经营战略。战略功能主要包括：董事参与确定公司的经营理念，制定公司的发展目标，选择和执行公司战略。通过执行这一职能，董事会可加强公司的竞争地位，保证股东利益最大化。战略功能有助于保证公司根据某个选定的战略实现特定的目标，并且在决策过程中考虑全部利益相关者的利益。

海勒尔（Robert Heller）提出发展战略是经理人员的责任，而监督及核准战略才是董事会的职责，因此董事会应该扮演以下角色：建立战略评估标准，提供咨询、核准和监督。而哈里森（Harrison）指出，虽然经营目标及经营战略的决定经常被认为是董事会的基本功能之一，但研究发现过去很少有董事对于战略的形成过程都积极参与，大部分的董事都把战略规划交给总经理及其部属。

### （四）控制功能

董事会的控制功能是指董事会任免总经理及其他高级管理人员，并通过高级管理人员的薪酬审核，监控管理人员的资源运用效率及其绩效，以确保公司的成长与股东利益。控制功能主要包括：任选高级管理层，尤其是总经理的任命；监督、评估管理层的业绩，并根据评估结果为其支付报酬；利用董事会权力保护股东利益，行使这种权力的形式可能有多样，包括解雇总经理、调整管理者的薪酬水平与结构。

董事会的独立性会影响监督的公正性，如能否根据股东利益来任选总经理，能否客观地评价总经理及管理层的业绩。董事会通过行使控制功能，可以使高层管理者利益与股东利益保持一致，尽可能地减少代理成本，保护股东利益。代理理论认为，人是自利的，并以追求经济利益为动机，当所有权与经营权分离时，经理人的行为通常以自我利益最大化而非股东利益最大化为导向，所以公司治理机制应是一种权力的制衡。

## 二、董事会治理结构对公司经营绩效的影响

### （一）董事会规模对公司经营绩效的影响

董事会规模是指董事会拥有的董事人数。关于董事会规模对公司经营绩效的影响，目前存在两种观点。

一种观点认为，规模大的董事会对公司经营绩效产生正面影响。这种观点来源于资源依赖理论。该理论认为董事会的规模与公司获得外部关键资源的能力密切相关，外部环境的不确定性会导致董事会规模的增加。首先，大规模的董事会提供了多角度的决策咨询，帮助企业获得必要的资源，帮助建立企业良好的外在形象，降低总经理控制董事会的可能性。其次，大规模的董事会往往有多方利益的代表参与，因而有利于协调各方利益。最后，大规模的董事会有利于吸收各种不同的意见，减少公司的经营风险。

另一种观点认为，规模小的董事会对公司经营绩效产生正面影响。这种观点来源于代理理论。该理论认为规模小的董事会能够提高公司的治理效率。首先，虽然董事会的监督能力随着董事数量的增加而提高，但是在协调和组织过程中产生的损失将超过董事数量的增加所带来的收益。或者说，董事数量增加带来的利益并不能抵消由此引起的决策迟疑和拖拉等的成本，相反，董事会规模的增大会使得董事会缺乏效率，降低他们参与战略形成的能力。其次，董事会规模太大会导致董事会成员间沟通与协调的困难。董事会要对公司的重大问题进行策划，但是规模过大的董事会将会产生决策效率低下的问题，这会影响董事会作用的发挥，进而影响公司的经营绩效。再次，大规模的董事会容易出现一定程度的机能障碍，即董事会成员不再倾向于坦率地批评总经理的错误做法，或者对总经理的工作绩效进行准确的评价，原因主要在于如果董事会成员批评总经理会招致其极大的怨恨和报复，使得董事们在评价、监督经理时变得迟疑与犹豫，于是董事会就容易被总经理控制。最后，当董事会规模变大时，权益代理问题就会增加，此时的董事会就只是一种象征性机构而不能成为治理程序的一部分，从而将会降低公司的经营绩效。

## （二）独立董事比例对公司经营绩效的影响

独立董事比例与公司经营绩效之间的关系已成为学界关注的热点问题。就监督而言，内部董事在做决策时会较多地考虑自身利益，在董事会的决策上无法表达客观的立场，使监督功能及绩效评估的客观性受到质疑。而独立董事不实际参与公司业务的执行，在董事会扮演重要的监督及管理角色，如选任及解雇高层管理者、决定给付管理者报酬，这可以解决股东与管理者之间的代理问题。就决策而言，独立董事具有相当专业的能力与经验，这些人通常是其他公司的高层、学者、专家或知识分子。因此，独立董事可以协助公司制定重大决策，尤其是对于财务危机公司，更需要其提供专业知识服务。

关于独立董事比例对公司经营绩效的影响，存在不同的观点。

一种观点认为，董事会应该存在较多的独立董事。这种观点主要来自代理理论，该理论认为经营者与所有者的利益与目标可能存在分歧，而独立于管理者的独立董事更能够发挥监督及控制的功能，以改善公司经营绩效，因此有效的董事会应该具有较大比例的独立董事成员。尽管学者们对独立董事的激励和约束机制还存在一定的分歧，但是仍假定独立董事是在客观的、独立的情况下发挥作用的。独立董事比例太低，不利于董事会在进行重大决策时保持独立性和客观性，内部董事将不可避免地为其管理层的利益提供支持，由此就可能对保护中小股东的利益构成威胁，最终将会降低公司的经营绩效。此外，独立董事拥有的专家技能有助于解决问题，使董事会的战略决策不拘泥于现有的管理框架。因此，独立董事的数量、独立董事的专业化程度和独立董事的独立性与董事会战略参与程度正相关。当公司业绩不佳时（公司实际业绩与战略规划设定的业绩目标存在明显差别，或者公司业绩与行业内同类企业平均业绩存在差距），将导致董事会对经理层的不信任程度增加，董事会因此将会更多地参与公司的战略决策。

另一种观点认为，独立董事的人数不宜过多。这是因为，独立董事虽具备超然独立的立场，但对公司的运营状况可能不甚了解，又因掌握相对较少的信息，无法深入地评估公司的整体战略。独立董事的推举和任免完全体现了大股东的意志，但是独立董事多数情况下无法像内部董事那样充分地掌握企业内部的信息，而是通过企业经理的介绍和财务报告了解公司的情况，通过大股东控制的管理者的眼光看企业，其作用的发挥令人质疑。因此，独立董事的人数不宜过多。即使公司独立董事比例高，其做出的判断也不一定客观。

### （三）董事会领导结构对公司经营绩效的影响

董事会领导结构是指公司的总经理和董事长是否由同一人担任。关于董事会领导结构与公司经营绩效的关系，主要有三种观点：代理理论主张的两职分离的观点、现代管家理论主张的两职合一的观点和资源依赖理论主张的环境不确定性的观点。

#### 1. 两职分离的观点

代理理论认为公司的总经理与董事长两职应该进行分离，以维护董事会监督的独立性和有效性。首先，董事会的领导者在公司中的职位及权利大于其他董监事，必须带领董事会做好监督及决策控管者的角色，而总经理则是决策执行的角色。若董事长兼任总经理、扮演决策执行者及决策监督者的角色，将大幅度削弱董事会缓解代理问题的能力。其次，董事长兼公司负责人及董事会领导者的身份，主导着董事会的进行，对董事会有一定程度的影响。而总经理对董事会也有显著的影响，这种影响的力量视经理人所控制的股份表决权比例而定。因此，若董事长兼任总经理，则其可能会因日常的业务问题，或因个人利益的困扰而影响其看法与做法，进而妨碍董事会功能的发挥，从而影响董事会监督管理当局的客观公正性。再次，由于公司经营权与所有权分离，使得拥有经营权的经理人员可能为了谋求私人利益而不顾拥有公司所有权的股东的利益。若假定只谋求私人利益的总经理同时兼任董事长的角色，原本董事会对总经理的监督功能将会因此消失，造成代理问题日益严重。最后，董事长和总经理的两职合一将使董事长的独立性受损，削弱董事会的控制作用，导致总经理的权力膨胀，损害公司的利益。总经理对公司战略决策的执行负有首要责任，董事会负责批准和监控决策的执行，当总经理和股东的利益相冲突的时候，董事会是最主要的控制机制。同时，为了防止代理人的"败德行为"和"逆向选择"，需要有一个有效的监督机制。

2. 两职合一的观点

现代管家理论则认为代理理论对总经理内在机会主义和偷懒的假定是不合适的，经理人员不是机会主义和逃避责任的人。董事长兼任总经理所引起的自利行为会被自身责任心及成就感所抵消，由于身负重任，其更有动力致力于改善公司的经营绩效。两职合一将促进经理人员的有效行动，有利于提高公司的自由创新，有利于公司适应瞬息万变的市场环境，从而也有助于提高公司的经营绩效。同时，若两职分设，将会使董事长和总经理之间产生竞争，使他们在采取何种措施来提高公司业绩上产生矛盾。

3. 环境不确定性观点

资源依赖理论认为，董事会是一种企业应对于外部环境的依赖性和减少环境不确定性的管理机制，环境的不确定性是影响董事会结构及其作用的重要因素，高效的董事会在决定公司的两职设置时应考虑潜在的代理问题是否会超过领导权合一带来的利益。一个有效的领导权设置状态是随着环境的改变而发生变化的，环境的不确定性是影响董事会的结构及其作用的重要因素。因此，不能简单地确定董事长与总经理两职是分离好还是合一好，而要根据企业具体面对的环境不确定性的强弱来定。

笔者认为，两职合一的观点强调了信息获取的成本而忽视了由信息不对称所导致的经理层机会主义带来的成本，两职分离的观点强调了由信息不对称所可能导致的经理层机会主义带来的成本而忽视了信息获取的成本。两种观点都有一定的片面性。一般来说，两职合一有助于发挥企业自由创新的空间，使企业得到更好的生存与发展，但两职合一也容易削弱董事会监督经理层的有效性，使经理层的权力膨胀。

### （四）董事会行为对公司经营绩效的影响

董事会会议是董事会进行决策的最主要的方式，也是董事会决策制度的核心，从某种意义上讲，董事会会议的召开情况可以反映出董事会决策制度的效率高低，也可以在一定程度上看出董事会决策制度是否独立有效。

董事会召开的会议一般分为例会和临时会议两种。例会是指董事会定期召开的会议，通常是在公司的章程中规定会议的时间（如一季一次，一月一次）和地点；而临时会议是不定期的，遇到必要事项时由董事长随时召集的会议，没有预先商定时间和地点。

董事会会议开多开少，关键要看董事会会议次数与公司经营绩效之间到底有没有关系。对于董事会会议的性质，学者们有互相冲突的观点，因此董事会行为强度成为一个重要的实证研究课题。

笔者认为，总经理几乎总是为董事会制订日程表，而且大部分会议用于讨论公司日常经营事务，这限制了独立董事进行有意义的控制管理行为的机会。同时，董事会的年度会议次数会受到企业自身一些特征的影响，规模越大的企业其董事会的活动频率可能越高，召开年度会议的次数相对较少。因此，董事会会议与公司经营绩效之间的关系在理论上并不清晰。

## 第二节　董事会个体与职位特质对企业绩效的影响

### 一、相关研究与假设

#### （一）学历与公司绩效

关于人力资本与经济绩效关系的论述，最早可追溯到亚当·斯密的《国富论》，之后的学者如李嘉图、马尔萨斯、萨伊、马歇尔等也多有提及。李斯特（Liszt）非常重视教育，其关于"精神资本"概念的论述，已经包括了现代人力资本理论的基本观点和主要主张。20世纪后期，现代人力资本理论逐渐形成。在宏观经济理论研究方面，20世纪80年代中期出现的新增长理论首先在理论上强调了人力资本作为生产要素对经济增长的作用，其代表人物罗默（Romer P M）和卢卡斯（Lucas R E）均将人力资本作为一个单独的解释变量加入生产函数中来研究经济增长。微观经济理论肯定了教育对于人力资本积累的促进作用。贝克尔（Becker G S）认为，人力资本投资包括正规学校教育、在职培训、医疗保健、迁移以及收集价格与收入的信息等多种形式。既然教育是一种提高人力资本水平的重要途径，那么，学历作为所受教育程度的证明，其高低自然可以看作一种反映人力资本存量大小的信号。抽样调查表明，较高的教育水平对应着较高的智力和劳动能力。贝克尔指出，尽管对于教育与"能力"之间是同向变动关系的观点存在争议，但是当把"能力"定义为经济上的能力时，所得到的数据肯定地说明了教育与某些能力衡量标准之间存在着同方向变动的关系。他发现，大学毕业生的能力比中学毕业生大得多，平均智商高出13%左右，大学毕业生中智商在120以上者是中学毕业生的两倍多。

对于人力资本存量与企业绩效之间的理论关系的研究，目前还没有比较统一的结论。基于熊彼特假设（Schumpeter's Hypotheses）的演化经济学派意识到组织内部工人之间认知能力的相互作用，并将其提炼成为诸如经济能力或吸收能力等概念，这些概念有助于解释企业之间的绩效差异。演化理论认为，人力资本还能产生动态效应，即较高的人力资本不仅能够产生较高的生产率，而且能够促进生产率的持续增长。尽管前述的理论和调查结果说明了较高教育水平的人拥有较高的人力资本水平和智力劳动能力，也使人很容易联想到较高的劳动生产率和企业绩效，但一些实证结果似乎并不支持这种说法。戴利和约翰逊（Daily and Johnson，1997）以经过风险调整的 ROE、ROI 为公司绩效指标，以 CEO 是否曾就读于知名大学来衡量其教育背景。詹森（Jensen，1976）研究表明，CEO 的教育背景与企业绩效之间显著负相关，与其他绩效指标无显著相关性。说明较好的教育背景并不能提高企业成功的概率，不能为企业的建立和发展提供优势。有些学者的研究支持了企业管理者的人力水平与公司绩效之间存在正相关关系。巴洛特（Ballot，2001）等在对法国和瑞典的企业进行的实证研究结果表明，法国的企业中，管理人员和普通雇员的人力资本水平与公司绩效显著正相关；瑞典的企业中，技术人员的人力资本水平与公司绩效显著正相关，管理人员的人力资本水平与公司绩效正相关但不显著，普通雇员的人力资本水平与公司绩效呈现不显著的负相关。

国内对于人力资本水平与公司绩效之间的研究多为理论上的探讨，实证检验的文献并不多。安同良（2014）以上市公司银河科技为例，认为该公司的技术创新能力与企业经营者的知识素养有关。并援引中国企业家调查系统的研究结果：从不同学历看，学历越高，选择"勇于创新"的比重越大，其中，研究生的比重为56.4%，而初中及以下的比重为38.2%。从而得出创新意识的形成及企业业绩的高低与文化程度有一定关联的结论。常健认为上市公司的业绩决定机制就是对其人力资产的治理机制，并假设在一定范围内，对人力资产提供者压力、激励越有效，人力资产供给越多，公司业绩也越好。其实证研究结果指出，公司治理类型影响人力资产供给，进而影响公司业绩。刘柏、郭书妍（2021）认为董事会成员平均学历水平对公司绩效有正向影响，但随着董事会海外经历成员占比的提高，董事会成员平均学历水平对公司绩效的正向影响减弱。

根据以上分析，我们得出如下假设：

假设3-1：独立董事的学历越高，公司绩效越好。

## （二）年龄与公司绩效

哈姆布莱克（Hamblake）认为，更为年轻的经理也更喜欢成长战略的变化。此外，心理学的研究也得出了相似的结论。比如，沃尔姆（Worm）发现，年龄与经理的风险态度和取向呈负相关关系，而海特对高管人员的研究也发现了相似的结果。还有一些研究年龄与具体行为倾向（如决策方式）两者之间关系的成果。泰勒（Taylor）发现年龄更大的经理人在决策前会收集更多的信息，而在决策时所花费的时间也更多。因此，在关于董事会战略变化方面，董事平均年龄更大的董事会更倾向于采取风险规避的态度，即不太愿意去实行战略转变策略。

为了有效地履行其职责和义务，在一个复杂的组织中，董事们需要掌握娴熟的商业、组织和社区等方面的领导技能，而这些技能需要经过时间的积累，而董事们的决定将会对组织产生很大的影响。这预示着年龄更大的董事或经理在决策时更有信心，因为他们具备丰富的经验，掌握的信息很充分，这些都是有利于决策的因素。相反，与他们相比，那些年轻的董事在复杂性的组织中进行战略决策时，可能缺乏足够的信心和相关经验。

一些高管人员的年龄与组织特征关系的研究发现，年轻的高管队伍与公司的成长有相关性。但是正如切尔德（Child，1974）所指出的，由于研究设计的缘故，不太可能精确地分析出在多大程度上公司的成长性导致了经理人员的年轻，或是经理人员的年轻导致了公司的成长性。与这些研究相关的一个发现是，公司的销售波动和收益的不稳定也与年轻的经理队伍有关。这说明年轻的经理更易倾向于尝试新奇的、没有先例的和冒险的事物和做法。

对于年龄大的管理人员立场更趋保守的原因，大概有三种解释。第一种解释认为，年龄大的经理在体力和精力上都存在不足或者更难掌握新的观念和思想，更难学习新的做法。经理人员的年龄与他们决策时的信息综合能力呈负相关关系，也与他们决策时的信心呈负相关关系。研究同时发现，年龄与他们寻找和收集信息的意愿存在正相关关系，与他们对信息评估的准确性正相关，也与他们决策所花费的时间呈正相关关系。第二种解释认为，年龄大的经理人员在心理上对组织的现状有某种信奉和忠诚。第三种解释认为，对那些年龄大的经理人员来说，可能正处于他们人生的一个重要时期，即此时经济上的保障和职业生涯的安全对他们来说是非常关键的。他们的社交圈子、本人的消费特点以及对退休后收入的预期都已经确定，因此，任何有可能破坏这些现状的冒险行为都会被他们所回避。

根据以上论述，得到如下两个假设：

假设 3 - 2a：平均年龄更小的独立董事与公司绩效呈正相关关系。

假设 3 - 2b：平均年龄更大的独立董事与公司绩效呈负相关关系。

### （三）职业背景与公司绩效

由于各自的职业背景和从业经历不同，独立董事带给董事会的技能和知识也不同。大多数独立董事是现任或者是退休的经理人员，巴顿和贝克（Patton and Baker，1987）研究发现，81% 的公司选择现任的经理担任董事，而 62% 的公司选择退休的经理担任董事。在董事会中，如果 CEO 担任董事的比例更高，那么董事会主席和公司 CEO 两职合一的比例越高，与此同时，董事会中独立董事的比例越低。这个发现可能意味着董事会的独立性受到了损害。该研究还指出，如果董事们自己公司的董事会独立性在提高，那么他们在担任另一家公司董事的时候，往往也会倾向于提高该公司董事会的独立性。

学者和前政府官员担任独立董事的现象也很普遍，而银行家和律师担任独立董事要相对少一些。显然，独立董事的职业背景提供了他们具有相关技能的信息，也在一定程度上表明了他们独立性程度和效率水平。凯斯那（Kesna，2005）根据 15 个职业类型的划分，考察了董事会委员会中董事不同职业背景的影响。他发现，那些具有商业背景的董事更可能在董事会委员会中任职。

在对非营利组织的调查研究中，西西利亚诺（Siciliano，2010）构建了一个多样化指标，借用这个指标可以考察独立董事的背景对公司绩效的影响，她发现董事职业背景多样化程度更高的董事会会产生更高的社会绩效，也能筹到更多的基金。

布莱克（Blake，2007）依据职业背景把独立董事分为四类：一是与公司没有广泛商业联系的其他公司的管理人员，二是私人投资者，三是教育界人士、官员及宗教界人士，四是职业董事。研究结果表明，只有职业董事变量最具有显著的解释能力。布莱克（Blake）还把独立董事分为财务型独立董事、公司型独立董事和中立型独立董事。研究结果表明，尽管财务型独立董事和中立型独立董事的参数估计值在5%的置信水平上显著大于零，公司型独立董事不具有显著性，但无法得出哪一类型的独立董事比其他类型的独立董事更具有价值。

唐清泉（2014）以独立董事是否具有实际企业管理经验的职业背景作为分类的标准，将独立董事分成两大类：一类为有高校、科研机构和协会等从事研究和政府管理的专家学者背景的，称为来自非企业界的独立董事；第二类是来自企业界，具有实际企业管理背景的，称为来自企业界的独立董事。他认为，在知识经济的今天，公司取得业绩需要多方面的知识。从系统论的角度看，上市公司作为一个非常复杂的系统，缺少任何方面的知识都可能使这个系统丧失功能，导致经营失败或业绩下降。比如，若公司有好的技术知识，但没有好的市场营销知识，产品打不开市场或失去销路，就会导致业绩下降；反之，若公司有好的市场知识，但没有好的技术知识，制造不出满足客户需要的高质量产品、提供不出满足客户要求的优质服务，同样会导致业绩下降。这说明公司同时聘请来自企业界和非企业界的独立董事，使其独立董事提供的知识具有多样化，有利于公司获得多方面的知识，以提高公司的业绩。他的研究表明，只有在公司既聘请来自企业界，又聘请来自非企业界的独立董事，且比例均衡的情况下，独立董事对公司业绩才有更好的影响。

笔者认为，由于独立董事的背景不同，他们带给公司的技能和经验也不同，纯粹来自理论界和实业界的独立董事在知识结构和经验上都有各自的缺陷，而同时具备理论界和实业界经验的独立董事则兼备了两者的优点。

根据以上论述，得出如下假设：

假设3-3：同时具有实业界和理论界两种背景的独立董事与公司绩效正相关。

## 二、数据来源、指标选取

### （一）数据来源

笔者主要用了中国股票市场交易数据库（CSMAR）两个子数据库中的数据，一个是中国上市公司治理结构研究数据库，其新版是在原有的治理结构研究数据库的基础上开发完成的，是一个既包含中国上市公司管理层人员的基本情况、管理层人员的年薪报酬、持股数量、上市公司的股权结构变动情况以及董事长和总经理变更情况又增加中国上市公司的股东大会情况的专题数据库；另外一个是

CSMAR 财务数据库，CSMAR 财务数据库是中国股票市场研究（CSMAR）数据库系统的重要组成部分，提供中国上市公司历年发布的财务报表数据，主要用来选取绩效指标、公司规模等指标。

样本数据的选取范围为 CSMAR 数据库中截至 2020 年底在沪深两市上市的全部 4120 家公司。样本选择原则如下。

（1）公司治理结构数据的全面统一性，剔除一些不足或多余年数关于独立董事相关信息和上市公司绩效的数据。

（2）剔除奇异样本。

（3）剔除学历没有披露的公司。

（4）指标数据剔除整合：根据数据库中的人数信息，找出比例数据或大小范围值数据，最终纳入统计的上市公司共有 2595 家，约占上市公司总数的 63%。

### （二）指标选取

#### 1. 解释变量的选取

关于独立董事职业背景指标的选取，唐清泉的研究方法把独立董事分为来自学术界和实业界两类。我们在整理数据时发现，有不少独立董事其实兼有学术界和实业界的职业背景。因此，在参照唐清泉的方法基础上，我们把独立董事的职业背景，分为学术界、实业界、学术界兼实业界三类，这样更符合客观事实。而独立董事的职业背景的指标即为这三类独立董事分别所占的比例。

年龄指标选取了两个维度，即独立董事的平均年龄和 50 岁及以上的独立董事在整个独立董事中所占的比例。平均年龄是根据数据库中所披露的独立董事的信息中得到一个公司里的独立董事的年龄的总和，并除以独立董事的个数而得到。50 岁以上的人数也是根据数据库中所披露的独立董事信息统计出来的。

#### 2. 被解释变量的选取

早期研究主要采用会计指标衡量公司的绩效，但是 20 世纪 80 年代以来，许多学者采用市场指标如托宾 Q 值衡量公司绩效。托宾 Q 值的计算既采用会计数据，又采用市场数据。在我国，机构投资者操纵股票价格的例子屡见不鲜，市场有效性令人质疑，因此采用市场指标托宾 Q 值衡量公司绩效会有失偏颇。就会计指标而言，陈小悦和徐晓东指出，考虑到会计利润指标在证券监管上的特殊意义，加上上市公司往往采用利润指标考核管理层，因此利润指标容易受到人为因素影响。但是，由于缺乏专业知识和技能，我国广大中小投资者仍然主要采用会计指标衡量公司绩效，如每股收益和净资产收益率。笔者也采用这两种指标来表示公司绩效。

## 三、研究结论

研究结果表明，独立董事的学历对于两个业绩指标并没有特别显著的正面影响，因此假设 3 – 1 并未得到支持。这个结果也与以前的一些相关研究的结论是一致的。这个结果说明了有些行业和部门盲目追求高学历的做法并不合理。

此外，独立董事的平均年龄这一变量对于绩效指标的影响是比较显著的，并且对于超过五十岁以上的独立董事人数比例这一变量，检验结果表明其对公司的经营绩效具有一定的正面影响，这可能是因为年龄偏大的独立董事具有更为丰富的知识和经验，假设 3 – 2b 得到了证实。

如果独立董事过于年轻，则其不可能有太丰富的经验与阅历，因而难以对公司做出实质性的贡献；如果年龄太大，则可能已没有足够的精力和动力促使公司进行重大改革。

此外，如果候选人已临近退休，则其社会关系、知识、商业经验等将面临迅速老化的可能。有人做过统计，在退休两年后，一个人的社会关系会失去 50%。更重要的是，对一个退休的人来说，独立董事的报酬可能显得特别重要，以至于害怕失去这份"工作"，这时独立董事的独立性将很难得到保证。英国一位专门研究独立董事制度的专家认为，对大多数人而言，最适合担任独立董事的时期是退休前 10 年，如果这时他们担任独立董事，可以为公司带来最大的价值。这是因为：

（1）这一时期对绝大多数人来说都正处于事业和能力的巅峰，他们不但具备了丰富的经验，也有足够的能力和改革的冲动；

（2）公司值得对他们进行培养，因为作为独立董事他们还可以为公司工作很长时间；

（3）他们具有的社会关系是最有用的，因为与他们同样年龄层次的人大多数都处于社会各界的重要岗位；

（4）他们在本公司内还被看作年富力强的经理人员，而不是即将完成历史使命的准退休人员。

我们对同时具有实业界和理论界背景的独立董事的比例变量进行了估计，这一变量在结果中表明对于公司业绩具有比较显著的正面影响，说明同时具有理论水平和实践经验对于独立董事来说非常重要，因此这一结果支持了假设 3 – 3。事实上，在实际工作中，那些有着丰富实践经验的独立董事在履行他们的职责时往往会得心应手，对公司的事务有很强的感性认识，理解和掌握公司的信息相对准确和迅速，这些都是有利于独立董事履行监督、战略决策功能的。

另外，财务杠杆水平和公司规模等控制变量有的具有一定的显著影响，有的并不显著，例如公司的资本结构对于公司绩效的影响就比较大。

## 第三节　基于董事会领导力的企业绩效评估反馈剖析

独立董事的行为特质包括三个方面：独立董事参加的会议次数；独立董事所提交的提案数量；独立董事提交提案的性质，分为监督方面的提案、战略方面的提案和管理方面的提案。

### 一、相关研究与假设

#### （一）会议次数与绩效

学者们对董事会的行为方式持有两种理论观点：一是认为经常会面的董事可能会更好地履行他们的职责，使经理层依据股东利益行事。董事会应每月举行一次整日会议，并且每年都要举行一次为期 2~3 日的战略磋商会议。反对者则认为，独立董事在一起的时间是有限的，这些时间应该用在他们之间或与管理当局之间进行有意义的思想交流。

李佛森（Lee Fosen）认为增加会议时间能够提高董事会效率，董事会会议开得越频繁，董事们也就越乐于履行那些与股东利益相一致的职责。与此相反，詹森（Jensen，1993）认为，董事会会议不过是走走形式，不一定是必要的。董事会会议的大部分时间往往是用来讨论公司的日常事务，董事们实际上没有太多时间来讨论公司管理层的表现，因此董事会会议还不如少开。针对以上观点，有学者专门就董事会会议频率与公司业绩表现之间的关系进行了实证分析，发现董事会会议频率与公司价值成反比关系，高频率的董事会会议可能是公司业绩下滑的一种反应。

沈沁（2016）以 14 家上市公司为研究对象，对航空制造企业公司董事会会议次数与公司绩效的关系进行了数据分析。研究认为，航空制造企业董事会会议次数与前期公司绩效负相关，与后期公司绩效正相关，但并不是十分显著。

刘天鹏等（2018）利用 153 家创业板上市公司的平衡面板数据实证检验了董事会会议频率与公司一致性对公司成长的影响。研究发现，适当的董事会会议频率与公司的成长性显著正相关，而高频率的会议无助于公司的成长性。

赵向龙（2021）以中国家族上市公司为研究对象，分析了家族企业董事会会议对企业绩效的影响，以及家族参与和企业规模作为调节变量对二者关系的影响。研究发现，在家族企业中，家族董事会会议对于反映运营绩效指标的 ROA 和托宾 Q 值均有正向作用，说明在家族企业中董事会会议频率的增加可以改善企业的绩效。

根据以上论述，得到如下假设：

假设 3 – 4a：独立董事参加的会议次数与公司绩效呈正相关关系；

假设 3 – 4b：独立董事参加的会议次数与公司绩效呈负相关关系。

### （二）提案与公司绩效

独立董事参加董事会会议上所提出的提案情况，可以反映一个独立董事的努力规范程度。努力规范是一个组织层面的概念，指的是在一个组织中成员共同的信念，这个信念关系个人对工作的投入程度和努力程度。而努力则是一个个人层面的概念，指的是由于某种动力的原因，个人在工作方面的行为强度，或者是个人所有的认知资源中直接致力于工作和任务的比例。规范往往会对一个人的行为产生很大的影响，特别是在一个像董事会那样成员互相依存的组织中，效果更为明显。因此，强有力的努力规范将有助于提高组织成员的努力程度，从而可以提高组织的绩效。

大多数的董事都面临时间不够用的局面，因此往往需要对时间的分配做仔细安排。尽管董事会成员往往都受到各种限制和约束，但是董事们花在董事会工作上的时间却相差迥异，而这些差异会影响董事会代表股东利益、对公司的战略做出贡献。梅斯（Mace，1986）认为大多数的董事会远没有认识到他们对公司潜在的贡献，而这其中部分的原因是，他们根本就没有针对公司的那些问题而做一些必要的"家庭作业"。那些在工作上花费了大量时间，并且努力去寻找和收集自己所需要的信息的董事，能更好地预防危机，管理危机，而且在公司处于稳定时期能有效地治理公司。

虽然花费的时间是努力程度的一个很重要的表征，但是，有时候不同的董事会花费的时间相同，却表现出了不同的努力水平。一些定性研究已经发现，不同的董事会在履行他们的职责时，其专注程度、对问题的分析程度和活动参与程度等都呈现出了很大的差异性。有些董事会仅仅是走走会议和投票的过场，而不是真正地用心去面对和解决董事会面临的问题。当然也有一些董事会对公司的问题进行认真、深入地研究，并积极讨论问题的方案等，甚至还有董事在会议期间使用随身携带的计算器。如果董事会能有一个很好的规范，不断提高董事的努力程度，那么董事会将会更有效地履行其控制和服务职能。

如果说参加会议的次数只是独立董事行为的一个表现形式，那么提交提案则是会议的内容，或者说是会议的过程表现。欧卡索（Okaso）讨论了决策者的注意力或关注点对公司行为的影响。在对管理认知长期研究的基础上，他认为决策者们的注意力只是集中在有限的一些事情或议题上，而这些议题和答案就决定了他们要做的事情。影响决策者注意力的因素有很多，但是欧卡索认为，其中一个很重要的因素便是预测组织的适应性。与此观点类似，米林肯（Michelin）认为董事会的"产出"本质上是一种认知的结果，而且认为董事会如何分配他们的决策重心或注意力至关重要。在一个有关董事会注意力的实证研究中，皮瑞斯（Pires）考察了董事们关注内部事务还是更关注外部事务，研究结果表明，董事会的注意力有很大的差异。由于董事会的注意力有很大的不同，他们把提案性质提炼为两类：战略方面和非战略方面，并且假设战略方面的议题对公司绩效有积极作用。

除了关注战略议题外，董事会还通过监督活动来参与战略变化过程。公司治理专家一向认为，董事会的一个重要功能就是对 CEO 进行评价。因此，另一个影响董事会注意力的因素就是董事会在多大程度上对高管进行评价和监督。

在 20 世纪 90 年代末以前，对董事会功能的理论研究偏重于监督功能，认为董事会为解决代理问题而存在。詹森和麦克林（Michael C. Jensen and William H. Meckling，1976）对董事会的存在性进行了解释，认为董事会是一项解决所有者和经营者之间代理问题的内生治理机制。而事实上，董事会在公司治理结构中的职能不仅仅是监督和替换 CEO，战略决策也是董事会的另一项重要功能。亚当斯（Adams）对董事会的这种双重功能进行了研究。他认为，一方面，在监督作用上，董事会监督公司管理层，确保企业的经营达到所要求的标准；另一方面，在决策作用上，董事会为公司未来制定战略和政策，确定公司发展方向。这种双重职能使得 CEO 向董事会提供有关企业的经营信息时面临一个两难困境，如果 CEO 向董事会提供企业的经营信息，则董事会可以利用这些信息向 CEO 提供经营和管理决策，从而提高公司经营业绩，但是董事会也可能会利用这些信息来监督和重新评价 CEO，这会危及 CEO 的职位；然而，如果 CEO 保留向董事会提供企业的经营信息，虽然董事会没有信息来改变其对 CEO 的评价，但是也失去了董事会在经营管理方面对他的帮助，从而不利于提高企业业绩。只有当董事会的决策和监督功能分离时，CEO 才不会和董事会在分享信息方面面临冲突。所以在一定的条件下，分离董事会的决策和监督功能要比两者结合在一起更有利于董事会的效率。

设立独立董事的初衷，就是希望独立董事能代表相对独立的一方，加强对大股东和经理层的监督，防止有损公司和中小股东利益的情况发生。因此，独立董事的监督功能是其天生职能，发挥该功能对公司意义重大。

根据以上论述，得到如下假设：

假设 3 - 5：独立董事提交更多关于监督和战略方面的提案，对公司越有利，两者呈正相关关系，即独立董事关注监督和战略比关注管理对公司更有好处；

假设 3 - 6：独立董事提交的提案数量与公司绩效呈正相关关系。

### （三）指标选取

解释变量的选取。会议次数用两个指标来表示，一是公司独立董事参加会议的总次数，二是每个独立董事参加的平均会议次数；提案数量用公司独立董事所提交提案的总数来表示；提案性质分别用监督性质、战略性质和管理性质的提案在公司独立董事所提交的提案总数中的比例来表示。

## 二、研究结论

独立董事参加会议的次数对公司绩效有比较显著的正面效应，这一结果支持了假设 3 - 4。事实上，公司的董事会并不都是因为公司出了问题才开会，实践中，很多公司的战略的制定、战略的执行、战略的控制等，都往往通过董事会召开会议才能决定。因此，从这个意义上说，会议次数与公司绩效的正相关关系就很容易理解了。

我们还发现，独立董事提交的提案性质的三个变量与公司绩效的关系比较有趣。监督方面的提案与公司绩效有明显的正相关关系，说明独立董事监督职能的充分发挥对解决现代公司的委托代理问题是有很大帮助的。但是独立董事战略方面的提案却与公司绩效呈现比较显著的负相关关系。这个结果从某种意义上说明，尽管独立董事往往都是某一领域的专家，但如果缺乏对所在公司的业务背景、公司所在行业的基本信息和知识的了解，也不一定能在战略方面给公司带来帮助，也许还会在战略发展方向上产生大的偏差，这个结果提醒人们有时不能迷信专家，也似乎从某种意义上说明我国独立董事需要提高战略能力。因此，假设3 - 5 部分得到了支持，部分被否定。同时，我们也注意到，独立董事管理方面的提案对公司绩效几乎没有什么影响，这也从侧面说明了独立董事的主要职能确实不在公司管理方面。

关于独立董事提交提案数量与公司绩效的关系，回归结果表明，提案数量与公司绩效之间存在一定的正相关关系，说明独立董事的勤勉、尽职对公司的发展起到了一定的正面效应。因此，假设 3-6 得到了验证。

## 三、进一步分析

学术界在对董事的研究中，董事会的规模常常被视为影响董事会效率的关键因素，但是，在董事会规模和绩效之间关联的经验检验结果却不尽一致。一些研究表明，具有小规模董事会的公司具有较高的市值和运营效率。比如，耶内克（Yenek M，1996）以 452 家美国公司为研究样本，对董事会规模与公司价值之间的相关性进行了经验分析，结果显示，董事会规模与公司价值（以托宾 Q 值表示）之间呈现出负相关的凹型曲线关系。当董事会规模从 6 人上升到 12 人时，公司价值的损失相当于董事会人数从 12 人上升到 24 人时的损失，即当董事会的规模从小型向中型变化时，公司价值的损失最大。他认为，具有较小规模董事会的公司具有较高的市值。此外，在这段时期内，一些计量营运效率和盈利能力的指标也与董事会的规模是负相关的。而且，在具有小型董事会的公司中，CEO 的报酬对公司绩效具有更大的敏感性。相对规模较小的董事会更可能更换具有较差绩效的 CEO。

钱士茹、洪波（2016）文章以 2004~2015 年的中国上市制造业企业为样本，阐述了所有制结构异质性、董事会规模与企业绩效波动三者的关系，实证研究发现，拥有异质的所有制主体的企业绩效波动程度不同，所有制集中度与董事会规模、企业绩效均呈显著正相关性，董事会规模与企业绩效波动呈显著正相关性。

王旻（2022）选取 2014~2018 年美国标准普尔 500 指数（S&P500）中的 372 家企业作为样本，运用实证研究方法检验了企业董事会规模与企业绩效之间的关系。研究结果表明，董事会规模与企业绩效之间存在负相关关系。

一些学者认为，就一定规模的公司来讲，过大的董事会不能发挥最优的功效。这种观点的理论基础主要是代理理论和组织行为学。比如，利普顿和洛希（Lipton and Lorsch，1992）指出，许多董事会的功能紊乱，而这是由董事数量的上升造成的。他们建议限制董事会的人数为 10 人，首选的董事会规模应该是 8 人或 9 人。他们推测，即使董事会的监控能力会随着董事会规模的增大而增加，但是由此带来的成本也将超过上述利益，比如，缓慢的决策制定速度、举行更少的关于经理层绩效的公正性的讨论和对分享风险的偏离。詹森（Jensen，1976）

指出，"目前的董事会工作以率直和公正为代价，将更多的重点置于客气、礼貌和谦恭上。当董事会的规模超出 7 人或 8 人时，它们有效运转的可能性就越小，就更容易被 CEO 所控制"。安森德等指出，相对于规模较小的董事会而言，规模相对更大的董事会通常更多样化、更容易发生争论和更没有凝聚力。在这种情况下，CEO 们可以通过一些策略在与董事会成员的交往中获取权力优势，比如结盟、提供有选择性的信息渠道、分化和"征服"等。总之，这些学者都认为规模大的董事会不如规模小的董事会那么富有效率。因为一旦董事会的规模过大，代理问题就会加剧，此时的董事会只是一种象征而不能称其为治理程序的一部分。而且，规模相对较小的董事会可能更容易应对飞速变化的竞争环境，比如，规模较小的董事会更有可能在公司绩效不佳时撤换经理人员。一些国外的证据表明，削减董事会的规模已经成为机构投资者、持有异议的董事和敌意接管者寻求改进陷入困境公司的首选措施。比如，美国快递公司的独立董事组织实施了公司 CEO 的离职计划，他们指出董事会规模非常重要，"笨拙的"19人的董事会是实施改变的主要障碍，在 20 世纪 90 年代的公司治理检查期间，小规模的董事会已经出现在一些杰出的公司中，包括通用电气、IBM、西方石油公司、金百利舒洁、格雷斯公司、时代华纳、西屋电器等。优美（Grace）公司的董事会人数甚至从 22 人减少到 12 人。据报道，机构投资者的压力为这些变化做出了很大的贡献。

资源依赖理论是"相对较大规模的董事会可能导致更高水平公司绩效"观点的主要理论基础。依据该理论，董事会的规模可以作为一个组织通过与外部环境相联系以获取关键资源的能力的计量指标，它反映了公司订约环境的大致"内容"和董事会服务所提供的专家建议的数量。对外部有效联系的需求越大，董事会的规模就应该越大。

一些学者的研究支持这一理论观点。比如，董事会的规模与公司获取外部关键资源（包括来自外部环境的预算数额、外部基金等）的能力密切相关，外部环境的不确定性（信息的缺乏和易变性）会导致董事会规模的增加等。而对于前文所介绍的观点，欧萨斯（Osas）明确地提出了反对的意见，他指出，"当董事会的规模较大时，在 CEO 之下的治理联合的平稳性和内聚性能得到很好的竞争。规模相对较大的董事会更可能产生可选择的挑战 CEO 和对公司施加控制的政治联盟。一个规模相对较大的董事会也限制了 CEO 施加社会影响以维系其权力的可能性"。此外，一些证据显示，董事会规模较小也不是公司治理的万能药。

上述各方观点尽管有所不同，但在董事会规模会对公司绩效产生影响这一点上却是相同的。我们认为，就一定规模的企业而言，规模相对较大的董事会对其功能的发挥可能产生正、负两方面的影响。依据组织行为学的观点，当一个特定的工作团体增大时，生产力损失会随之增大。利普顿、洛尔施和詹森（Lipton, Lorsch and Jensen）的观点在一定程度上也是组织行为学对公司治理问题的影响所致，比如，团体规模过大会导致董事会成员之间缺乏沟通，并增大协调的困难，这样公司可能进一步导致许多好的创意与策略因沟通的困难而无法实施。"搭便车问题"同样会造成规模相对较大的董事会的功能障碍。在董事会成员持有微弱股份的情况下，这种问题发挥作用的程度就越大，因为公司经营亏损或项目失败不会使他们承担自身决策所带来的后果，从而使董事会的整体目标偏离了价值最大化。此外，规模较大的董事会一般拥有相对较多的独立董事，这些董事通常最关心的是自己的名誉损失。因此，他们会阻止有一定风险但净现值为正且较大的项目。然而，规模大的董事会也不是一无是处，其对公司治理的正面影响表现在：较多的董事能为董事会带来较多的知识与经验，使得董事会内部的知识与经验发挥较好的互补作用，这在一定程度上减少了公司风险。拥有不同利益相关者代表的董事会有利于协调利益相关者的利益。我们认为，何种董事会规模最为适宜，就要看在该规模下，其为公司带来的好处是否大于其所造成的弊端。

组织理论指出，规模越大的群体做出决策所需花费的时间越多。比如，施泰纳（Steiner, 1972）指出，随着规模的增大，用于协调的过程损失迅速增加，所以，就获取一个给定的产量水平来说，规模更大的组织需要投入更多的时间。公司规模可能是影响董事会行为的因素之一，大公司通常运营在高度复杂的信息环境中，需要应对更复杂、更繁多的问题，因此董事会的行为预期会随公司规模的增大而增加，即规模越大的企业，其董事会的活动频率越高。谷棋、于东智研究发现，董事会活动强度与公司规模正相关，公司规模越大，年度内的董事会会议频率越高。

董事会的规模越大，相互之间的协调所需花费时间就越多，所以，当董事会的规模增加时董事会的活动可能也相应地随之增加，以补偿由协调带来的过程损失。同时，董事会规模过大，则董事之间的沟通与协调便会产生问题，会阻碍董事会功能的正常发挥，进而影响公司绩效的实现。当规模越大时，董事会的会议可能花在协调和沟通上的时间会更多，对公司急需讨论的议题反而讨论的时间可能会缩短。因此，同样的董事会会议在不同的董事会规模下，对公司绩效的影响可能不同。

根据以上研究的结果和论述，有如下假设：

假设3-7：在加入公司规模这一变量后，会议次数对于公司绩效的影响力度将下降。

我们发现，董事会规模这个变量对公司绩效有不显著的负面影响，说明董事会规模越大，成本越高，在一定程度上证明了董事会规模与公司绩效负相关的结论。更为重要的是，会议次数对公司绩效的影响力度明显下降。某种意义上，这个结果可以有两种解释。一是由于公司本身规模大，因此董事会规模也大。大公司的业务复杂，环境变化大，因此本身就需要有更多的董事会会议，这样的话，会议次数的多少对公司绩效的影响就要打折扣；二是由于董事会规模大了后，协调成本加大，会议时间被正题以外的事务占用了不少时间，因此，会议的效果自然也要降低不少。

## 第四节　基于企业绩效评估的异质性董事会领导力模型

### 一、相关研究与假设

#### （一）引言与异质性的概念

现代公司的经理人、董事和股东面临的治理问题很多，其中一个非常重要的问题就是董事会中的性别、种族和文化的异质性。由于主流媒体不时报道，股东经常提出议案，主要的机构投资者发表相关政策宣言，异质性问题已经受到广泛关注。比如，有研究机构提出了许多股东提案，要求公司，特别是大公司要提高董事会的异质性，并报告异质性的情况。美国退休教师基金会指出，董事会应该由不同性别、种族和年龄的董事组成。董事会异质性是一个关键的投资标准，因为他们相信一个异质性程度高的董事会不那么对管理层"心存感激"。此外，美国全美董事协会（NACD）蓝带委员会认为，在选择董事的时候，应该要考虑性别、种族、年龄和国籍等异质性因素。

许多公司也很重视董事会异质性的问题。太阳石油（Sun Oil）公司的坎贝尔（Campbell）说："女性或少数民族人士能给董事会带来新的观点，这些观点来自现实生活，对决策过程大有裨益。而在全部由白人或男性组成的董事会中是缺少这种价值的"。

当然，异质性的研究不仅仅局限于董事会、高管队伍，员工队伍的异质性也成为学者们研究的对象。团队或组织的异质性相关研究指出了两个关键点：首先，异质性的概念不限于种族和性别，异质性的其他形式，如教育和职业背景也必须考虑；其次，许多经验证据表明，异质性既有建设作用，也有破坏的后果。异质性之所以成为热点话题，原因一是职员和管理层的异质性在不断提高，二是异质性很大程度上利于决策。技术的快速变迁和全球化的推进使得商业竞争变得更加激烈，很多组织通过提高异质性来提高其反应能力和适应能力。当然，同时异质性也可能对团队的凝聚力和有效运行造成挑战。因此，这些研究的目的就是如何最大化异质性的收益，同时减少异质性的负面影响。

异质性通常指不同种族和性别在团队或组织中的组合，但是，异质性的概念其实远远超出了这个范畴。学者们发现，仅仅运用种族和性别的组合来界定异质性并不能有效地分析一个团队如何运作和如何取得好的绩效。因此，很多研究者基本上把异质性分为两类：可观测的异质性和不可观测的异质性。前者往往是指团队成员的年龄、性别和种族等特征组合情况，而后者则往往是指团队成员的知识、教育、价值观、情感和个性等一些特征的组合情况。

马丁斯（Martins，1996）在一个文献综述中指出，那些可观测的异质性往往比不可观测的异质性更容易引起人们的注意。但实际上，不可观测的异质性往往更容易导致绩效的提升，因为这种异质性体现了不同的观点和技能。同时，他们也注意到，有些形式的异质性，比如种族划分，可能同时包含可观测的异质性因素和基于观点的不可观测的异质性因素。因此，他们承认，把异质性简单地分为可观测和不可观测两个范畴是不完全的。普雷德提出了关于异质性类型的两个维度：可观测的异质性和与工作有关的异质性。她指出，可观测的异质性影响情感结果，如团队的凝聚力，同时还能够激发成员的思想火花，并且能使成员之间的思想互相影响。与工作有关的异质性是指在一个团队任务中不同的观点和信息的差异程度。这种异质性之所以重要，是因为在很大程度上，它决定了一个团队是否构建了一个具有足够的专业技能、信息和观点的知识库，而这个知识库的完备状况又直接反映了该团队未来决策的思想性和创造性的潜力。与可观测异质性仅仅是激发思想不同，与工作有关的异质性直接和事实上的思想多样化联系在一起。大多数的关于决策方面的异质性收益来自技能方面的异质性。职业、教育和任期方面的异质性通常被归类到与工作有关的异质性中，因为它们与工作中的信息多样化及观点差异化之间有着紧密的联系。

总之，一些研究者认为，异质性的类型可以分为两种。异质性在什么程度上可以激发成员的思想，使其与其团队的成员有所区别，从而影响团队的绩效，这个维度就是所谓的可观测的异质性。异质性在多大程度上构建了团队完成任务所需的技能、技术、经验和观点的知识库，这个维度就是所谓的与工作有关的异质性。这两种异质性分别影响团队的情感交流和任务执行的结果。

### （二）异质性对组织绩效的影响

关于异质性与公司绩效的关系，人力资源学家支持异质性能够提高绩效和增加价值的观点。异质性的支持者认为，那些推动异质性的公司将在以下六个方面具有竞争优势：成本、资源获取、营销、创造力、问题解决和组织的灵活性。同样，有些研究者认为，异质性能够使团队拥有更多的知识，有更多的创造性和创新性，从而具有竞争优势。

沃森（Watson，1993）的研究也证实了相对于异质性低的团队，异质性高的团队创新能力更强，能激发更多的观点，遇到复杂问题时也能产生更好的答案。但是，也有许多关于团队异质性的研究认为，团队成员的多样化不仅促进了组织的发展和竞争力提高，同时也给组织带来了许多问题（Milliken and Martins，1996）。研究发现异质性较高的团队不易整合，成员之间不易合作（Reilly，Caldwell and Barnett，1989）。团队异质性像是一把双刃剑，在提高组织绩效的同时，也降低成员满意度以及组织认同感。默里（Murray，1989）利用84家财富500强的食品和石油行业公司的数据，对比研究异质性团队和同质性团队以及不同团队对公司绩效的影响，研究中的异质性用年龄、教育程度、平均任期和职业背景的组合来表示。他们发现，异质性与公司绩效的关系和公司所处的市场类型密切相关。具体来说，在面临激烈的市场竞争时，同质性团队比异质性团队更有效率，而异质性团队在处理组织变动时效率更高。发现高管队伍教育的异质性与更高的投资回报率相关，并且能提高销售业绩。回顾关于团队异质性的文献，对过去的研究观点，即同质性的团队比异质性的团队绩效要好的结论提出了质疑。她认为异质性具备有利于团队的战略决策的潜力，异质性提高绩效的关键在于组织成员之间的融合和有效沟通。她从文献回顾中得出结论：不断提高成员之间融合程度和沟通频率，将有助于提高异质性团队的绩效。

还有一些研究者发现董事会异质性与绩效之间有正相关关系。塞西娜（Sisina）利用240个基督教青年会（YMCA）机构的数据，分析了董事会成员的异质性。研究发现，当董事会成员呈现更高的职业异质性时，基督教青年会机构的社会绩效更好，募集的资金也更多。同时，该研究还发现，性别的异质性，即女性在团队中的比例在提高机构社会绩效方面发挥了重要的作用。巴鲁阿等（Barua et al.，2010）发现女性CFO所在公司比相对应的男性CFO所在公司盈余质量更好。黄和基斯根（Huang J and Kisgen D J，2013）发现当CFO为女性时，企业融资规模更小，并购频率更低。

沙德等考察了大公司的中高层管理队伍和董事会中的性别异质性对公司绩效的影响，他们发现了异质性与公司绩效之间的正相关关系。尽管在高管队伍中，这种正相关关系不是非常显著，但是在整个管理队伍中，这种异质性对公司绩效仍然呈现出了积极的作用。沙德等在解释这个正向关系时指出，这些公司是在一个更广泛的范围内选拔招聘高级管理人才的，因此招到了更合适的人选，而不论这些人选是男性还是女性。在美国收益最高的 100 家公司中，97 家的董事会至少有一名以上的女性董事，在财富 500 强中最具价值的 50 家公司里，82% 的公司董事会至少有一名以上的女性董事（Catalyst，1995）。在对加拿大公司的研究中，伯克（Burke，1997）发现在董事会中女性董事的数量与公司营业收入、资产、员工数量和利润额之间存在显著的正相关关系。范德思认为，由于女性董事的经历往往与公司的需要具有相当的一致性，因此她们能够帮助董事会执行战略功能。她指出，在影响战略计划方面，女性可能比男性更具优势，因此，女性能够帮助董事会履行它的战略角色。Burke 对公司为什么要考虑增加女性董事给出了另外几个来自实践的理由。他指出，现在没有足够多的董事人选可供筛选，越来越多的 CEO 拒绝到别的公司担任董事的邀请，而那些已经担任董事的人们也没有时间去承担额外的职责。这样，一直依赖男性 CEO 担任董事的情况正变得越来越难以实行，而且董事的资质有下降的危险。因此，公司应该扩大董事遴选的范围。他还指出，女性能在内部和外部给组织带来象征意义上的价值，加强公司与其他利益相关者的联系。类似地，沙贝在采访美国大公司的女性董事后发现，董事会增加女性董事后往往也增加了一些其他的经验和价值，这些经验和价值对公司董事会的文化有积极的影响。百利威尔同意以上的观点，认为女性董事能够帮助公司培养竞争优势。百利威尔认为女性董事更倾向于支持变革，因为她们往往比那些男性同事更年轻，因此更容易接受关于业务经营的新观念和新方法。

关于种族异质性对公司绩效和股东财富的影响，也有一些实证研究成果。福睿斯（Forrest，2005）通过分析股票价格对公司种族歧视诉讼和公司接受劳工部奖励的不同反应，考察了与种族异质性相关的财富效应。运用数据，他发现，当公司由于努力推进种族异质性而受到劳工部奖励时，有 34 家公司的股票获得了显著的超常收益，而在同一个时期，当样本中的 35 家公司由种族歧视引起的诉讼案件被宣判后，这些公司的股票获得了显著的负超常收益。理查德（Richard，2004）对美国四个州的 63 家银行的绩效指标进行了分析，发现文化的异质性有助于提高组织的绩效。克斯发现，当公司被收录到一个关于公司异质性的年度排名（"财富异质性精英"）之后，对股东财富效应有影响。运用数据，他们发现在排名公布的当天，市场反应比较显著。通过一个参照样本，他们发现被"财富异质性精英"收录的公司在诸多方面，比如市场占有率、每股收益等，都比样本公司要表现得好。研究者们还发现，当进行重大决策时，如果有不同种族的个人参与，价值增加得更为显著。这个结果与康奈尔和韦尔奇（Cornell and Welch，1996）的研究一致，后者认为在公司招聘时，招聘者的队伍如果保持一定的种族异质性，那么在招聘过程中就能提高招到合适人选的成功率，因为如果招聘者和应聘者具有相似的文化背景，显然双方更容易交流和理解。

然而，有些研究发现，异质性有时候对绩效没有影响，甚至可能对绩效产生负面的影响。汉布里克（Hambrick，2007）等对美国 32 个主要航空公司的高管队伍的异质性进行了纵向研究，考察其对绩效的影响。该研究用职业、教育和任期的差异组合来衡量异质性。他们的研究结果表明，同质的高管队伍比异质的高管队伍表现要更出色。他们还指出，异质性团队的行动和反应更慢，对于竞争者的行动所做出的回应也比同质性团队来得更慢。他们的解释是，在异质性团队中，个人之间往往更容易意见不一致，因此导致达成共识的时间更长，反应自然就慢了。奈特（Knight，1999）等也发现异质性与团队共识负相关，他们进一步指出，异质性团队需要花费更多的时间和精力来达成意见的统一，形成最后的决定，最终导致绩效的下降。

杰克森以及威廉姆斯（Jackson and Williams，2004）经过研究后未发现高级经理任期的异质性对组织绩效有显著的影响。尽管史密斯等（Smith et al.，1994）发现高管学历的异质性对绩效有积极的影响，但是他们发现高管经验的异质性却与投资回报率负相关，并且学历和经验的异质性都对高管人员非正式沟通的频率造成了负面影响。伯杰等（Berger et al.，2004）认为高管团队成员教育水平差异越大越容易产生矛盾，从而影响团队的工作效率，降低企业的组织绩效。斯利瓦斯塔瓦等（Srivastava et al.，2005）的研究发现高管团队教育背景的异质性会降低企业产品创新的效率，对企业创新活动有显著的负向影响。

肖挺等（2013）以服务业上市公司商业创新模式为研究对象，发现高管团队的教育水平异质性有助于集思广益，对企业客户价值有显著的积极影响。刘霜（2018）选取创业板 2013 年 12 月 31 日以前上市的公司为研究对象，发现董事会任期异质性与公司绩效显著负相关，学历异质性与公司绩效显著正相关，年龄异质性与公司绩效呈正 U 形相关，CEO 结构权力削弱异质性与公司绩效之间的影响。苏坤（2020）以沪深两市上市公司为研究对象，从多个维度研究了董事会异质性对公司股价崩盘风险的影响，发现女性董事发挥着良好的治理功能，董事会的年龄异质性有助于弥补相互间的缺陷，提高治理效率，进而降低公司股价崩盘风险。

### （三）不同结果的解释

以上的文献回顾表明，关于团队异质性与公司绩效的关系的实证研究结论并不明确。很多研究结果证明异质性对公司绩效有积极的作用，但是也有少量的研究得出相反的结论，指出异质性对公司绩效有负面的影响，当然也有一些学者发现异质性与公司绩效没有相关性。于是有学者称异质性为一把双刃剑。马斯汀指出，一方面，异质性提高了创造性地解决问题的能力，另一方面也增加了成员之间存在不满情绪的概率，从而可能导致大家意见的不一致。对于异质性影响的不同结果，瑞利提出了三种基本机制来解释。他指出，异质性的正向效应往往是得益于"信息机制"或"决策机制"，因为团队或组织拥有更多的经验、观点、技巧和信息，而这无疑是有利于决策的；异质性对绩效的消极影响则是来自一种"熟人扎堆"机制，即人们喜欢跟与自己有相似经历和背景的人交往，因此往往容易形成小圈子，阻碍整个集体的交流和沟通，所以会出现对绩效的负面效应；第三种是"社会范畴"机制，即人们在表达自己的观点时，往往会被有偏见地、先入为主地划入某一集团或阶层。杰克逊等（Jackson et al., 1996）的观点也许可以被称为第四个机制，他们指出，共同的经历和其他一些特征能够促进互相沟通，而不同的背景又会使交流变得更为困难。

异质性都有可能引发这些机制发生作用，而不同的机制会在不同的时间主导不同的结果。有时候，由于汇集了许多观点和看法，异质性会促进组织决策。而当人们因为倾向于偏爱与熟人在一起交流和沟通时，异质性又会引起组织内部的分裂和隔阂，同时还能增加互相误解的可能性。

此外关于异质性研究结论不一致的原因，还有两个解释值得注意：第一个解释是人们往往忽略了组织如何利用异质性的过程。在一个组织中，不同观点的表达是一回事，而能够吸收、采纳不同的观点又是另外一回事。因此，对这两种概念进行区分非常重要，因为这直接关系异质性对绩效的不同影响。哈姆博克（Hambok）指出，一个高管队伍通过采取某种形式的"行为融合"，从而有效利用其异质性，是十分必要的，因为有些决策程序是对异质性的建设性利用，有些则不然；第二个解释是，异质性有很多不同的类别，而不同的异质性是不可互换的，也意味着不同的异质性是有不同的含义的，因此异质性对绩效的影响也不尽相同。

根据以上论述和相关研究结论，有如下假设：

假设 3 - 8：独立董事的异质性越高，公司绩效越好；

假设 3 - 9：独立董事的异质性越高，公司绩效越差。

## 二、研究结论

回归结果表明，独立董事学历的异质性对公司绩效有不显著的负面影响，一定程度上说明独立董事之间的学历差异程度越大，对公司绩效越不利。

我们也发现，独立董事的年龄异质性对公司绩效的影响与学历异质性相类似，也有不显著的负面影响。这似乎说明，与学历一样，独立董事之间年龄相差较大的话，关注点不同、思维方式的差异等原因可能导致独立董事之间交流不是那么畅快，从而不利于公司绩效的提升。

关于独立董事职业背景的异质性与公司绩效的关系，研究发现，两者呈比较显著的正向关系。这也许可以解释为不同职业背景的独立董事为公司带了不同行业、不同背景的知识，使得董事会在决策时有充分的视野和足够的知识，从而有利于独立董事在决策方面的科学性、在监督方面的专业性。这些应该都有利于公司绩效的提高。

最后，我们还发现，独立董事任期的异质性对公司绩效也有显著的促进作用。这说明，独立董事的任期存在一定程度的差异是比较科学的。一方面，任期长的独立董事对公司的情况、行业的背景比较了解，但也可能因此而在监督管理人员方面缺乏力度；另一方面，任期短的独立董事情况恰恰相反，他们敢于对管理人员进行监督，但是可能对有关公司的知识和信息掌握不够。这样，不同任期组合的独立董事可能会结合各自的优点，能够充分发挥独立董事的职能，既敢于监督管理人员，又善于对公司的决策做出比较科学的判断。因此，独立董事任期的异质性有利于公司绩效的提高。

同时，考虑前面所提到的治理变量特征可能影响公司的经营业绩，而经营业绩也可能影响公司的治理特征，因此在这一部分仍构建联立方程来进行参数评估，并对结果进行比较分析。

研究发现，独立董事学历的异质性对公司绩效有不显著的负面影响，一定程度上说明独立董事之间的学历差异越大，对公司绩效越不利。独立董事的年龄异质性对公司绩效的影响与学历异质性相类似，也是有不显著的负面影响。这似乎说明，与学历一样，独立董事之间年龄相差较大的话，由于关注点不同、思维方式的差异等，独立董事之间交流不是那么畅快，从而不利于公司绩效的提升。

关于独立董事职业背景的异质性与公司绩效的关系，研究发现，两者呈比较显著的正向关系。最后，我们还发现，独立董事任期的异质性对公司绩效也有显著的促进作用。

## 三、研究的局限性

尽管构建了相对系统的独立董事特质体系，但本书研究至少还存在以下几方面的局限。

（1）在独立董事的独立性特质中，缺少独立董事的提名这一重要变量。独立董事的提名能反映董事是否真正独立于大股东、独立董事是否真正独立于CEO。尤其在存在控股股东的时候，独立董事不仅要独立于CEO，也要独立于控股股东。因为在所有权比较集中的公司，独立董事必须保护小股东利益。独立董事独立性的关键是独立于谁。目前大多数公司治理规则都规定独立董事应独立于经理层，原因是独立董事要负责监督经理层并对其业绩进行考核。我国目前的独立董事多由上市公司大股东向董事会推荐，由董事会集体讨论通过，并经股东会投票表决。

应完善独立董事的遴选机制，实行中小股东和监事会提名独立董事候选人、董事会评议确定正式候选人、股东大会或中小股东投票选举独立董事的制度，并实行独立董事的差额选举。公司控股股东、大股东以及在董事会中占有董事席位的股东不得参与独立董事的提名。引入独立董事制度的主要目的是保护广大中小股东的利益，因此，独立董事的产生应服务于这一目的。由于无法在独立董事与中小股东之间建立显性激励契约，为了保证独立董事真正按照广大中小股东的意愿和利益参与公司决策，由广大中小股东和监事会提名、推荐和选举独立董事不失为一种理想的选择。由中小股东推举产生独立董事，本身就意味着在中小股东与其所选择的独立董事之间建立起了一种以信任为基础的委托代理关系，这种信任就像一种隐性激励契约，会对这些以声誉为主要激励变量的独立董事产生较强的激励和约束作用，增强独立董事的责任意识。同时，它在一定程度上避免了控股股东控制独立董事选聘、独立董事不独立的现象。

（2）在所构建的独立董事特质模型中，缺少关于对独立董事的约束变量。陈雪松等（2004）认为，应该基于独立董事的声誉激励机制，对独立董事实行失察问责制度。由独立董事的不作为而导致的公司重大决策失误，股东有权对其提起诉讼，并要求其做出书面道歉声明。通过实施失察问责制度，强化独立董事的责任意识，促使他们积极参与公司的重大决策活动，切实履行其决策、监督职能。

如能分析独立董事的约束机制对公司治理、公司绩效的影响，则对于独立董事制度的建设将有很强的政策指导意义。

（3）在分析独立董事薪酬对公司绩效的影响时，只有"独立董事是否领取津贴"这一变量，而缺少薪酬的具体数额。中国证监会在《关于在上市公司建立独立董事制度的指导意见》中规定，"上市公司应当给予独立董事适当的津贴。津贴的标准应由董事会制订预案，股东大会审议通过，并在公司年报中进行披露"，并规定"除上述津贴外，独立董事不应从该上市公司及其主要股东或有利害关系的机构和人员取得额外的、未予披露的其他利益"。证监会之所以规定津贴要"适当"，就是既要起到激励独立董事的目的，又不能使独立董事因津贴太多而丧失其独立性。

但是在现实生活中，被聘于不同公司的独立董事所领取的薪酬差异很大，这在很大程度上可能导致独立董事的行为有较大差异，从而导致公司绩效的不同。在分析独立董事薪酬对公司绩效的影响时，由于缺少独立董事报酬的具体金额，不能更深入地探讨独立董事薪酬与公司绩效之间存在的关系。

# 第四章　公司治理与企业绩效评估

## 第一节　公司治理对企业绩效影响的机理分析

公司治理问题的出现，源于现代公司在产权结构上所有权和控制权的分离，相应地出现了委托代理关系。由于委托人和代理人都是独立的、追求不同利益的主体，各自的利益目标往往并不相容，当代理人追求自己的利益时，就有可能造成对委托人利益的损害。为了更好地满足委托人的利益，必须设计一套行之有效的方法来解决这些问题。因此，公司治理关注的焦点，是资本供给者如何确保自己可以得到投资回报的途径问题。研究公司治理的目的，是通过公司治理的改善，来实现良好的企业绩效。

由于研究角度的不同，公司治理有狭义和广义之分。狭义的公司治理是一种监督和控制公司的体系，它明确公司的主要利益相关者之间权利和义务的分配，并在公司董事会的功能、结构、股东的权力等方面做出制度安排；广义的公司治理实质上是一套指导企业管理的契约制度，通过这套契约制度安排，不仅要实现对企业的控制权和剩余索取权的合理配置，形成激励约束机制和相互制衡机制，而且还要协调企业内外相关利益者之间的权力和利益关系，以科学的组织结构和管理系统及其规制实现企业资源的优化配置和高效率运营。根据狭义的公司治理概念，对多个公司治理影响因素与绩效关系的经验研究结果表明，公司治理与绩效的关系并不明晰。因此，笔者从广义公司治理的概念出发，综合企业理论中的契约理论和战略理论，探索公司治理通过什么作用机理影响企业绩效，以完善公司治理理论体系。

## 一、基于契约理论的公司治理影响绩效作用机理

### （一）主要的公司治理机制

1. 董事会在公司治理中发挥着根本性作用

股东控制管理者并确保公司按照股东利益行事的首要途径就是董事会。法律制度赋予董事对公司的委任托管责任，董事会通过聘用与解雇高级管理层、监督重大经营决策的职能对管理层起约束作用。从保持股东控制权和决策效率的角度出发，对董事会规模、董事会成员特征、董事会内外部董事比例、独立董事比例、董事会次数等因素与绩效关系的研究较多。

2. 提供激励

提供适宜的激励是确保管理者按照股东利益行事的另一种途径，通常包括金钱、职业生涯和声誉等形式。设计合理的激励合约是这一机制能够发挥作用的关键。金钱激励通常与企业一定的利润目标、发展目标相联系，但容易受会计操纵；职业生涯方面的激励包括晋升、任期和解雇威胁。设计激励合约时，需要考虑管理者规避风险的态度和其做出决策的质量因素。

3. 监督和控制

监督和控制的基本方法是退出和呼吁。退出是消极的控制方法，主要包括卖出股票和金融机构不再对企业提供短期贷款。而呼吁是积极的控制方法，主要由大股东、大债权人等通过董事会来实现。监督和控制作用的发挥，需要配合良好的信息披露制度。

4. 大股东和大债权人监督

在股权分散的公司中，小股东监督的收益远远小于监督成本，通常没有监督的积极性。大股东的存在有利于加强对管理层的控制，监督的最终动力来源于大股东的剩余索取权。但大股东的存在也会产生控制权私有收益，从而损害小股东的利益，产生相反的激励效果。

关于大债权人的作用，理论上认为债权融资比股权融资更能促使管理者努力工作，防止管理者浪费资源；但也有观点认为，如果大量使用债权融资，管理者更倾向于冒险，这样会损害企业利益。

5. 公司控制权市场约束

公司控制权市场是指建立在成熟资本市场的有效运作基础之上，通过包括公司接管、杠杆收购以及公司重组等在内的公司战略而实现的公司资产控制权转移的各种市场行为的总称。这里的接管包括兼并、敌意和友好要约收购以及代理权竞争等。由于存在活跃的公司控制权市场，管理层面临着随时有可能被撤换的压力，只能努力工作，保证公司经营良好经营，避免被收购。因此，公司控制权市场成为股东监督管理层实现股东利益最大化的有效工具。

### （二）公司治理机制影响绩效的作用机理

从大股东、大债权人的作用、董事会制度以及董事会对管理层施行激励约束来看，公司治理机制在代理成本和交易成本两方面对绩效产生影响。

由于董事会对股东负有受托责任，因此，董事会与管理层之间存在委托人和代理人的关系。由于委托人和代理人双方效用最大化的目标不一致，代理人不会总是根据委托人的利益采取行动，这种目标不一致会导致委托人的福利损失，产生代理成本，包括委托人和代理人签订契约的成本、委托人的监督成本、代理人的约束成本以及不能完全控制代理人行为而引起的剩余损失。如果股东付出一定的成本，比如通过审计、正式的控制体系、预算约束、薪酬激励等方式，对管理者施加一定程度的约束和监督，或者让管理者持有一定份额的股权，可以减少代理成本。管理者持股比例越大，代理成本越小；权力监督力度越大，代理成本也越小。因此，大股东和大债权人的监督、董事会约束、提供激励等治理机制的影响绩效的原因，正在于能够促使管理层目标与股东一致，努力工作，减少代理成本。

而股东通过消极的"退出"和积极的"呼吁"监督控制机制影响绩效的主要原因是：更充分的信息可以降低为了使管理者努力工作而必须支付的各种形式的激励，从而降低代理成本。

按照威廉姆森（Williamson）的观点，交易是一种契约，人的有限理性、机会主义和资产专用性共同导致了交易成本的产生。企业股东投入生产要素资产的合约属于事前的长期合约，董事会作为一种与长期交易合约特性相匹配的治理机构，可以起到保护股东投资、减少机会主义行为的作用，节约交易成本。

跟市场交易相比，企业也是节约交易成本的一种治理结构。由于存在公司控制权市场，如果某个企业因经营不善被接管或兼并，无论是被市场交易替代，还是其被另一家企业纵向一体化，其结果都是降低了被接管企业的交易成本。同时，公司控制权市场的存在，也对企业的管理层形成了压力，使他们处于对被接管、兼并而丧失对公司控制权的担心之下，从而加大努力工作程度，客观上实现了代理成本的降低。因此，公司控制权市场也能够降低交易成本。

综合以上分析，可以发现，基于契约理论的公司治理所采取的一系列治理机制，本质上体现为通过事前契约调整交易成本，以及通过事后治理机制来减少企业激励不相容而产生的代理成本，间接实现绩效的改善。因此，契约理论下公司治理影响绩效的根本途径在于节约成本。

### （三）简要评述

理论研究表明，董事会、大股东、激励约束等治理机制，可以通过成本节约来改善公司的绩效。但是，迄今为止，学者们就影响公司治理的多个关键因素与企业绩效之间关系所做的经验研究并未取得明确一致的结论。因此，有研究者认为，在公司治理与公司绩效之间忽略了某种重要连接中介。

笔者认为，基于契约理论的公司治理研究，看到了市场交易和企业在组织资源方面所花费的成本，并且强调通过一定的事前契约和事后机制来节约这些成本；但是，其研究视角过于狭窄，没有关注企业一系列组织资源的活动所创造的收益。而企业通过一系列契约交易生产要素资源的目的，并非为了转手卖出，更主要的还是要利用这些资源来生产产品、创造出新的价值。因此，有必要重新审视公司治理的主要活动，探讨公司治理除了成本节约，还可以通过何种途径和作用机理，在价值创造方面对企业产生影响。

## 二、基于战略理论的公司治理影响绩效作用机理

### （一）战略领导是公司治理的功能之一

契约理论下，董事会的主要功能是监督重大经营决策，对管理层起到监督和约束作用。在企业实际运营中，董事会的主要工作——制定公司的经营目标、战略规划、重大方针和管理原则，进行重大经营计划和投资方案决策，制订企业的财务预算、决算方案，提出盈利分配方案，挑选、聘任和监督高级管理层，决定经理人员的报酬与奖励等，除了具有监督和约束管理层的功能，从管理的角度来看，这些工作的很大一部分都属于战略管理的范畴，涵盖战略规划、战略实施监督和战略评价方面的内容。

战略管理通常由董事会提出战略目标，总经理按照此目标提出战略规划及实施方案，经过董事会讨论认定后，由总经理领导各级管理人员及员工贯彻执行。在战略实施过程中，董事会对战略执行过程和执行结果进行监督和评价，并根据实际情况对战略规划做相应调整。在战略管理过程中，董事会充当治理主体的角色，以总经理为首的经理班子充当战略执行主体的角色，治理结构的各个层次完全融入整个战略管理的全过程，战略管理也成为连接公司治理和公司经营管理的重要环节。因此，董事会在企业组织中实际上负有两种基本职能：在战略领导方面发挥作用、负责制定政策和监控管理层。

### （二）公司治理影响战略管理的途径

公司治理对战略管理的影响主要体现在两个方面。一方面，企业的产权结构和治理结构，决定了企业从内外部市场获取资源的种类和数量，形成了具有异质性的企业资源结构，企业在进行战略规划和战略决策时，需要考虑资源结构的约束，采取与自身所拥有资源相匹配的发展战略；另一方面，公司治理所决定的一系列制度安排，规定了整个企业运作的基本框架和运行机制，并通过一定的组织结构决定企业配置和利用资源的能力，直接影响战略管理的质量。

公司治理能够影响企业资源结构的原因在于，股东作为公司治理主体中最重要的利益相关者，除了可以为公司提供生产经营所需资金，影响企业产权结构和权力分配，还可以为企业提供资金以外的对发展至关重要的其他资源。不同性质的股东能够提供的资源种类有很大差别。公开发行上市的个人股东几乎不能为企业提供除资金以外的其他资源支持，但无论是什么性质的股东，只要其拥有的企业股份达到一定份额，就可以通过提名具有管理和生产知识、特定经验、能力、个人社会关系网络的董事和总经理人选，为公司提供管理决策关键职位的人才，影响人力资源特征。

股东愿意为企业提供资源的数量多少，与由一定产权结构所决定的控制权配置有关。控制权大的股东由于存在额外收益，有动力向企业提供更多的资源协助；控制权小的股东则更多地表现出机会主义倾向和"搭便车"行为。公司治理影响战略管理的质量有三个方面的原因。第一，制定战略和实施战略的董事、经理层往往由股东推举，其个人能力和知识经验结构直接影响战略规划和战略执行的质量；第二，公司治理的激励机制影响董事、经理人员的努力程度，有吸引力的薪酬激励制度可以促使企业高管努力工作，减少自利行为，提高决策效率和决策质量；第三，公司治理的制衡和约束机制会形成一定的组织授权和责任结构，影响董事、经理人员的自主决策权限，而公司经理在多大程度上拥有自主决策权，对经营战略有直接的影响：自主权小，决策需层层审批，容易导致决策效率低下，贻误市场机会，而自主权大则容易对新技术和市场变化做出迅速反应。

## （三）公司治理通过战略影响绩效的作用机理

公司治理对企业资源结构和战略管理的质量产生影响，而不同的资源结构和战略管理决策又直接影响到企业绩效。

从战略管理的内容来看，主要是通过制定合适的竞争战略、优化配置企业具有的资源、利用和培育核心能力、充分利用企业内部的优势和外部的机会，从而克服劣势、避免威胁，获取良好的企业绩效。制定竞争战略需要考虑市场结构和产业定位的影响。根据现代产业组织理论的范式，在不完全竞争的市场结构下，产业内存在进入与退出壁垒、政府的保护与限制、产品的差异化所产生的相对垄断等因素，使得个别企业能够获取超额的垄断利润；企业的获利水平，主要取决于由不同市场结构下不同的垄断利润高低。承袭这种思路，波特在《竞争战略》一书中指出，竞争战略选择面临的两个中心问题是：产业长期盈利能力及其影响因素所决定的产业吸引力、决定产业内相对竞争地位的因素。企业只要选择了合适的产业、并且通过一定的策略，占据产业内有利的竞争地位，即可获得竞争优势，带来良好绩效，并受到各种形式的进入壁垒的保护。企业在进行战略选择时，低成本、差异化和专门化是可供考虑的三大竞争战略。

竞争战略主要考虑企业外部的特定市场结构对绩效的影响，而在企业内部，企业的基础和企业的资源结构等也是造成企业绩效差异的原因。资源结构影响绩效的原因在于，企业拥有的垄断性资源可以形成壁垒，使企业获得先行者优势，在该资源上处于强势地位，对随后的资源获取者的成本及收益产生不利影响，为企业带来较高的收益。然而，不是所有的垄断资源都能够为企业带来长期良好的收益。企业的资源包括实物资本资源、人力资本资源和组织资本资源；如果一个企业的资源有价值、稀缺、不可完全模仿和难以替代，这些资源才是良好绩效和长期竞争优势的来源。因此，进行战略管理时，需要对满足上述特性的企业资源进行良好的组织和优化配置。

按照企业能力理论的观点，决定企业绩效差异的不仅仅是单纯的企业资源，还包括企业利用各种资源、技术和技能的能力。核心能力是"组织中的积累性知识，特别是学习如何协调多样的生产技能并如何整合多重技术流的能力"，核心能力会随着应用和共享的增多而增强，是企业获得良好绩效、保持长期竞争优势的源泉。因此，核心能力实质上是企业在生产过程中创造、积累起来的内嵌于组织中的一组知识和技能的集合体，而非单个知识或技能。企业之间的竞争表面上是产品的竞争，实质上是组织的核心能力的竞争，并最终由核心能力的差异导致企业绩效差异。在进行战略规划时，需要重点考虑如何积累、保持和运用核心能力，明确指出培养哪些核心能力以及这些核心能力由哪些相关技术组成。

企业的资源在满足异质性、不可移动性、竞争的事前壁垒和竞争的事后壁垒四个条件时，将产生长期竞争优势。异质性可以产生李嘉图租金（Ricardi rents）、垄断租金（Monopolistic Rents）和熊彼特租金（Schumpeterian Rents）三种企业经济租金。不可移动性意味着并非所有租金差异都可以通过要素市场竞争而消除，事前壁垒意味着要素市场没有占用全部租金，事后壁垒则意味着租金差异不能通过产品市场竞争而消除。由于战略管理是综合考虑企业内外部多种因素的一系列决策活动，抓住市场机会、对战略资源和核心能力善加利用，既可能因为利用企业资源禀赋差异而收获李嘉图租金，又可以通过利用企业独有的资源与能力开发新产品、新技术、新工作流程而获得熊彼特租金，更可以凭借企业的稀缺资源和创新活动形成进入壁垒，造成垄断的市场结构而获得垄断租金。因此，具体由哪些战略活动产生了哪种租金、数量是多少，难以完全区分。

### 三、综合契约理论与战略理论的公司治理绩效分析框架

综合以上分析，得出公司治理影响绩效的作用机理。公司治理通过两个路径影响绩效。

其一，依据契约理论，公司治理行使监督和控制功能，通过一定的事前契约和事后机制，合理配置和制衡企业权力，提供利润激励和产权激励，实施约束和监督，促使董事、经理层努力工作，最终以交易成本和代理成本的节约来改善绩效。

其二，依据战略理论，在受产权结构和控制权结构影响而形成的特定企业资源结构制约下，公司治理行使战略指导职能，制定适当的竞争战略、优化配置企业资源、利用和培育核心能力，最终通过获取李嘉图租金、垄断租金和熊彼特租金，实现绩效改善。

由于公司治理从节约成本和获取租金两方面来改善企业绩效，加上中间环节较多，因此，单纯强调其中的任何一个方面，都无法很好地解释在类似的公司治理结构下企业绩效存在差异的原因。而且现有的经验研究大多从影响公司治理的个别因素，如股权结构、股东性质、董事会规模、高管薪酬等方面出发，考察其与企业绩效的关系，难以完全体现公司治理对绩效的作用机理，结论难免带有片面性。因此，经验研究的结论多样，没能取得一致和明晰的结论也就不足为奇。

根据这个综合契约理论与战略理论的公司治理影响绩效作用机理分析框架，回答"什么样的公司治理有利于绩效提高"的问题，应该考虑以下三个方面的内容。

首先，结合股东资源和控制权结构考虑，要选择能够为企业发展提供关键资源的股东，同时将较大控制权配置于这个股东一方，以达到获取关键资源和降低交易成本的效果。

其次，公司治理结构应该有利于有形和无形资源的组织和配置，董事会作为公司治理结构中负责监督和战略决策的重要组织，需要尽可能多地获取决策所需信息，应该有一个合理的内部董事和外部董事比例。

最后，建立的合理的激励约束机制，减少代理成本，激励公司董事和经理层努力工作。

## 四、结论

公司治理不仅通过交易成本和委托成本的节约影响绩效，也通过获取垄断租金、李嘉图租金和熊彼特租金影响绩效。在影响企业绩效的多种因素中，没有股东提供的人、财、物和公司治理的制度框架，就不成其为企业；健全的公司治理结构和良好的公司治理机制，是节约企业内部治理交易成本和代理成本，取得良好绩效的前提；企业拥有的关键资源和核心能力是获取经济租金并以此取得好绩效的关键。

## 第二节　公司治理结构对企业绩效的影响

随着对公司治理研究的不断深入，越来越多的决策者意识到，建立有效的公司治理是公司可持续发展的制度保证，也是促进上市公司价值最大化和平衡市场参与各方利益的重要机制。目前，有大量的文献研究公司治理和公司绩效的关系，这些研究主要集中在股权结构和董事会结构对于公司绩效的影响方面。

### 一、股权结构对于公司绩效的影响综述

一般来讲，股权结构有两层含义。

第一层含义是指股权集中度。从这个意义上讲，股权结构有三种类型：一是股权高度集中，存在控股股东，且绝对控股股东一般拥有50%以上的公司股份，对公司拥有绝对控制权；二是股权高度分散，公司没有控股股东，单个股东所持股份的比例均在10%以下；三是公司拥有占比较大的相对控股股东，同时还拥有其他大股东，相对控股股东持股比例在10% ~50%之间。

第二层含义则是股权构成，即各个不同背景的股东集团分别持有多少股份。在我国，股东构成主要是指国家股东持股比例、法人股东持股比例以及社会公众股东持股比例。

国内外对于股权结构与公司绩效关系的研究主要有两方面，一是股权集中度对公司绩效的影响研究，二是股权属性对于公司绩效的研究。关于这方面的研究，最早可以追溯到1932年的米恩斯（Means），他指出在公司股权分散的情况下，没有股份的公司经理与股权分散的小股东之间的利益是有潜在冲突的，此时

无法使公司的绩效达到最优。相对正式的对公司价值与经理所拥有股权比例之间关系的研究则始于詹森（Jensen）认为公司的价值取决于内部股东所占有的股份比例，两者呈正相关关系。莫瑞科（Moric，1988）以 371 家财富 500 强企业为研究样本，通过实证研究的方法研究了股权结构和公司绩效的关系，并分析了经理人持股比例与企业市场价值的关系，研究发现，当经理人持股比例在 0~5% 或者 25% 以上时，对企业价值的影响显著为正；当经理人持股比例在 5%~25% 时，对企业价值的影响显著为负。莫克勒（Meconnell，1990）的实证研究表明公司价值与机构投资者的持股比例显著正相关，他们通过对 1093 个上市样本公司托宾 Q 值与股权结构的关系进行实证分析，得出一个具有显著性的结论，即托宾 Q 值与公司内部股东所拥有的股权之间具有曲线关系。

在股权构成方面，国外学者的研究主要集中在机构投资者持股比例和内部人持股比例对于公司绩效的影响研究，其研究对象多是私有企业，对于国有企业的系统研究几乎没有。而国内对于股权构成方面的研究，重点则在国有股权比例和法人股比例等方面，这主要与我国上市公司的股东构成有关。

我国上市公司的股东主要包括以下三种。

1. 国家股东

作为国有资产的代理人，国家股东存在着较为严重的代理问题，所有者权能严重弱化。相对于股东价值来说，国家股东可能对政治目标（比如较低的产品价格、就业岗位的提供、与利润率相关的外部效应等）给予特殊的关注。另外，作为国有资产的代理人，国家股股东要监控其下级代理人。但由于国家股股东与其下级代理人之间信息的不对称、激励机制的无效性，政府部门会对企业采取一些相应的行政干预，目的是改善国家股东在公司治理中所处的不利地位，这样就形成了我国上市公司独有的政府干预下的股东治理模式。

2. 法人股东

我国的法人股东呈现出与欧美的机构投资者不同的特征，与德国的法人股东有些类似。但我国法人股东也呈现出自身的一些特点：一方面，关联法人是法人股东的主体；另一方面，投资机构是第二大法人股东，这就使得相当数量的法人股份具有非银行金融的性质，力量比较微弱。相对于国家股东来说，法人股东存在的代理问题可能较弱，因为持股股东出于对自身利益以及所投资公司整体绩效的考虑而较愿意参与到公司治理中并发挥作用（通过派驻董事或者参与股东大会）。因此，法人股东对公司绩效影响的方向是积极的。张逸茹（2015）对我国上市证券公司股权结构及公司绩效的实证分析的研究表明，法人股东对公司的绩效有着显著的正面影响。

3. 社会公众股东

社会公众股是指中国境内个人和机构以其合法财产向公司可上市流通股权部分投资所形成的股份。社会公众股对于企业绩效来说普遍具有显著的积极效果；法人股本表现出显著性不稳定的正相关作用，集体资本则与企业绩效不相关，而国家资本对企业绩效表现出相关性不确定。

田利辉（2005）以托宾 Q 值和会计利润指标 ROA 为公司绩效变量，通过 6421 家企业的年报数据对国有股和公司绩效之间的关系进行研究，发现国家持股规模和公司绩效之间存在 U 形函数关系：国家持股可以导致企业价值的下降，但是在持股足够大的情况下可以导致价值的上升。

曹廷求、杨秀丽和孙宇光（2007）对 3217 个样本数据进行研究分析，发现股权结构集中度与公司绩效呈左低右高的 U 形曲线，即当第一大股东比例低于一定比例时，其利用控制权实施利益侵占的行为比较明显。

褚冬彪（2007）以 46 家公用事业上市公司年报的数据作为研究对象，研究公用类事业上市公司治理结构与绩效，发现第一大股东的绝对持股比例和公司绩效呈显著的负相关性；国有股、法人股都有利于公司的绩效，但由于国有股的特性，需进一步引进法人股以提高公司治理的绩效；董事会规模与公司绩效没有必然联系。

杨梅枝（2008）选取通过在沪深股市发行 A 股实现民营化的国有企业为样本，对其进行绩效变化及其影响因素分析。文章选取总资产收益率、净资产收益率和销售利润率 3 个指标来进行盈利能力的测度，产出水平以实际销售额来衡量，而运营效率通过劳动生产率来衡量。研究表明大股东控制度与盈利能力、产出水平和生产效率之间具有显著的负相关关系。

李士梅、李安（2018）以战略性新兴产业中高端装备制造业上市公司 2005～2015 年的数据为样本，实证分析国有持股比例对企业绩效的影响。研究结论表明，高端装备制造业中国有持股比例对企业绩效的影响在企业总资产规模不同的区间内具有门槛效应，在企业总资产规模较小的门槛区间，国有持股比例对企业绩效的促进作用非常弱，在企业总资产规模较大的门槛区间，国有持股比例对企业绩效的促进作用明显增大。

## 二、董事会结构对于公司绩效的影响综述

董事会是公司治理的核心，直接向股东负责，并对高管实施监督。在公司治理机制中，董事会治理机制是非常重要的内部治理机制。在独立董事方面，比迪

（Beady, 1995）对独立董事比例与虚假财务报告发生的关系进行研究，结果显示，独立董事的比例与虚假财务报告的发生率呈负相关关系。在国内研究方面，胡勤勤、沈艺峰（2002）以深沪两地 56 家已建立独立外部董事制度的上市公司为基础样本，发现中国上市公司的经营业绩与独立外部董事之间存在不显著的相关关系。朱健齐（2017）等选取 2002～2015 年中国大陆 965 家上市公司作为样本进行研究，认为强制设置独立董事会在一定程度上提升企业绩效。陈涛陈、怡雪（2017）对创业板企业中独立董事社会资本这一因素与企业绩效之间的关系进行了纵深研究，研究结果表明，任职规模大、社会声望高的独立董事更能推动创业板企业绩效的发展。缪静颖（2020）以我国上市公司 2004～2019 年的数据为样本，实证检验了独立董事比例对企业绩效是否存在影响，研究发现企业的独立董事比例与企业绩效显著正相关。宣杰（2021）等从独立董事特征和独立董事行为两个层面选取了 7 个指标建立了一个精细的企业绩效评价体系，研究发现企业在选择独立董事时需要注意其年龄、学历、海外经历以及学术背景，应该合理安排独立董事参加各种会议事项，应该聘请一些有声誉、有能力的人来担任独立董事。

在董事会规模方面，一般情况下，董事会的规模控制在 8～9 人为好，当董事会规模超过 10 人时，将不符合成本效益原则，即因协调和沟通所带来的成本就将超过因人数增加所带来的收益，董事会因此降低效率。外尔马克（Yermack，1996）以 452 家美国公司为研究样本进行实证分析，研究董事会规模和公司绩效的关系，结果发现，董事会规模与公司绩效之间呈现凹形曲线关系。我国《公司法》规定董事会人数在 5～19 人。江向才和林勺（2006）的实证结果显示，董事会规模与财务危机能否转危为安的关系为负相关，在一定程度上说明了董事会规模太大带来的成本要远远高于其收益。陈怿（2010）以中小板上市公司为研究对象，研究上市公司董事会规模和企业绩效之间的相关性，通过董事会规模与净资产收益率的二元相关性研究，得出了中小板上市公司的净资产收益与董事会规模并不存在相关关系。刘洋、赵伟（2013）根据创业板上市公司的特点，利用创业板上市公司 2009～2012 年的数据研究其董事会规模对公司绩效的影响，认为董事会规模与公司绩效存在着显著的倒 U 形关系。钱士茹、洪波（2016）以 2004～2015 年的中国上市制造业企业为样本，研究董事会规模与企业绩效的关系，认为董事会规模与企业绩效波动呈显著正相关性。

## 第三节 构建基于公司治理的企业绩效评估方案

### 一、研究假设

股权结构由股权构成和股权集中度两个方面组成，合理的股权结构能使企业价值实现最大化。股权集中度在公司治理中的作用主要表现在对公司的监管和对小股东利益的侵占。股权过于分散将导致没有股东愿意密切监视经理人，这是因为股东监控带来的公司绩效改善是一种人人皆可享受的公共物品，而监控成本却由监控者本人全部承担，且监控的费用大大高于监控个人的回报；而在股权高度集中的情况下，处于绝对控股地位的股东积极性较高，但是小股东因所占股份较小缺乏监控动力和话语权，难以形成有效的权力制衡。因此，较高的股权集中度很难形成有效的内部监控制衡机制。拉普瑞特（LaPorta，1998）等发现，很多上市公司大股东通过金字塔结构、交叉持股以及交叉董事增强自己的控制力，这种股权结构和董事会组成，引发了大股东剥夺小股东的财富。博凯特（Bockett，1999）等认为大股东控制降低了经营者积极性和勘查专用资产的投资，从而降低了公司价值。

考虑到交通运输业上市公司中绝大部分公司都是一股独大，而且拥有绝对控制地位的都是国有股权，而这些国有股权的代理人一般也是通过政府任命的方式参与到企业的经营中去，政企很难分开。出于政府管理和居民出行的生活需要，交通运输业上市公司以社会利益为目标，国有大股东有足够的动机和管理层勾结起来，共同侵占小股东利益。因此，笔者将交通运输业上市公司作为研究对象，研究股权结构与公司绩效的关系。

由此做出假设 4-1：股权集中度与公司绩效呈负相关关系。

股权构成方面，对于中国的上市公司来说，政府机关作为国家股东的代表，在行使其股东权利时，存在较为严重的代理问题。法人股东（尤其是法人股东为民营企业时）是真正意义上的经营主体，有明确和统一的利润最大化目标，因此，它在公司治理中更具有理性和积极性，监督动机更强。流通股股东一般难以在公司治理中产生较大的影响，绝大部分流通股股东以追求市场短期价差为目标，在这种目标导向下，没有参与上市公司治理的内在动机。陈晓、江东（2000）认为国有股和公司绩效呈负相关关系，法人股和公司绩效呈正相关关系，流通股与公司绩效负相关。孙菊生、李小俊（2006）认为国有股和流通股均和公司绩效呈负相关关系。李向荣（2018）对混合所有制企业中的国有股比例、制衡股东特征对公司绩效的影响进行研究，结果表明：在混合所有制企业中，国有股比例与公司绩效显著负相关。胡加明、吴迪（2020）选取 A 股 2007～2018 年1230 家上市公司数据，检验不同股权种类结构、股权集中度程度、股权制衡及大股东中不同股权属性对企业绩效的不同影响。研究发现上市公司企业绩效与国有股占比呈 U 形关系。

由此做出以下假设：

假设 4 - 2：国家股比例与公司绩效呈负相关关系；

假设 4 - 3：法人股比例与公司绩效呈正相关关系；

假设 4 - 4：流通股比例与公司绩效无显著关系。

从理论上说，董事会是确保股东利益的重要机构，股东可以通过董事会对公司管理层施加影响。但是董事会人数太多，对于董事会作用的良好发挥与公司治理有不良影响。这种不良影响表现为董事会规模太大会出现董事会成员间的沟通与协调困难。詹森（Jensen）等认为，尽管董事会的监督能力随着董事会成员数量的增加而提高，但这种效益可能被大团体中沟通和决策机制困难而导致的增量成本所抵消。尽管董事会规模大也会存在一定的好处，但其规模偏大导致的缺乏创新与效率，以及导致董事会存在机能障碍的负面影响超过了规模较大带来的正面影响。

董事会缺乏独立性可能产生内部人控制问题，为了保持董事会的独立性，应在董事会中引入独立董事。独立董事是指具有完全意志、代表公司的全体股东和公司整体利益的董事会成员，独立董事不代表管理层、出资人、董事会、股东大会任何一方的利益，更能从企业自身出发，顾全大局，改变董事会做决策时一家之言的局面，并最终做出对股东利益有利的决策。董事会中引入独立董事能形成独立判断，对公司治理有着积极的作用。独立董事较多的公司独立性较强，这样可以带动公司治理规范化，使得经理的奖惩与公司绩效的相关性加强促进了董事会对经理层的控制。

## 二、研究样本

原始数据主要来源于国泰安 CSMAR 数据库，剔除同时发行 B 股、H 股的公司，剔除相关信息不全的上市公司，剔除所选样本中不涉及运输服务的企业，经过分析加工，得到最终数据。在筛选分析加工过程中曾参考互联网上的相关信息。选用中国沪深两市 A 股上市的交通运输业上市公司作为研究样本，对其公司治理结构与公司绩效的关系进行实证研究。

## 三、分析结果

研究结果支持了假设 4 – 3，法人股有利公司绩效的提升，即法人股的比例提高，有利于公司业绩增长。由于法人股对于公司的监控能力较强，同时由于法人股不能上市流通，其持有者不能追求短期的买卖差价，因而更加关心公司的长期发展。研究结果也和文章假设 4 – 4 相符，流通股比例与企业的综合绩效相关关系微弱。流通股股东对上市公司的影响，一般是通过股票市场的外部监管功能来实现的。股票价格失真、小股东搭便车及追求短期差价等投机行为的存在，导致公司外部监控功能低下，故而在相关性分析中，流通股比例与综合绩效之间几乎不存在相关关系。文章假设 4 – 2 没有得到支持，国有股比例与公司绩效的关系没有通过相关性检验，由于国有股的特性，在改革过程中需要进一步引进法人股，以提高公司治理的绩效，降低公司的治理成本，提升公司的综合能力，并最终实现股东利益和社会效益目标的统一。作为控制变量的资产负债率与企业综合绩效呈显著的负相关关系，可见，交通运输业上市公司的负债规模在一定程度上抑制了公司绩效的提高。

# 第五章　董事会领导力、公司治理与企业绩效评估研讨

## 第一节 民营企业的案例分析

### 一、公司治理结构现状

TF 液压股份有限公司（以下简称"TF 液压"）成立于 2000 年，主营液压元件、液压成套系统以及机床设备的加工制造，2010 年改制为股份公司。公司自创立以来，选择所有权与经营权高度统一的经营模式，权力高度集中。

两家关联公司 SD 投资、TF 公司与 TF 液压治理模式类似，由董事长王某及其母共同出资设立，公司内部重要岗位均由其亲属担任；总经理、财务部长、销售部长等重要职能部门负责人由 TF 液压的下属兼任，技术岗位、研发岗位等核心员工由外部人员担任，如何通过组织设计激励核心员工的忠诚度和积极性，是现任领导需要思考的课题。

#### （一）公司战略定位与业务体系

TF 液压致力于液压控制系统以及各类配套液压控制元件的研发、制造和销售，主要产品是以二通插装阀集成阀块为主的各类高性能液压控制元件，属于国家重点鼓励研制的新产品。

1. 公司战略定位

公司以"创新发展中国和世界的二通插装阀技术"为战略目标，研究开发国际主流产品的最新技术，坚持高端定位，重点发展高性能、高附加值、替代进口关键部件的二通插装阀及高性能液压元件。

插装阀作为重型及高端装备的关键配套件之一，客户对于产品品质的稳定性和可靠性要求较高，品牌信誉度是下游厂商选择插装阀产品的重要依据。公司作为国内二通插装阀技术领先的企业，在国内装备制造行业和液压行业有较高的知名度，并凭借其强大的技术保障实力、高品质的产品和周到的服务，获得众多下游厂商的好评和肯定。

目前，公司批量供货的用户已达到 300 家，分布于机床、塑料机械、冶金机械、矿山机械、石油机械、船舶制造、农业机械等下游行业，在业内知名度不断提升。公司拥有行业经验丰富的管理团队。在管理人才方面，公司核心管理团队在液压领域拥有深厚的专业技术背景和丰富的管理经验，既保持了管理团队的稳定，又强化了激励和约束机制。

2. 公司业务体系

公司在加工设备方面，拥有超高精度数控万能磨床、超高精度数控锁铣加工中心、真空热处理炉和热能去毛刺机等；在检测设备方面，拥有各种高精度理化计量检测设备以及国内液压最大流量计算机辅助形式试验台。拥有一批熟练技能的一线加工人员、装配人员和调试人员，具备从毛坯投入、加工制造、检测及产品试验的一整套完整、先进的加工制造系统，可以为客户设计并制造规格为 NG16 – NG250、单体重量最大为 25 吨的二通插装阀集成阀块，年生产能力达到 4 万套，加工、装配综合能力位居国内同行业领先水平。

### （二）公司组织设置

1. 组织结构

TF 液压采用事业部制组织构架，下设财务部、综合管理部、市场部和采购部等部门，具体安排如图 5 – 1 所示。

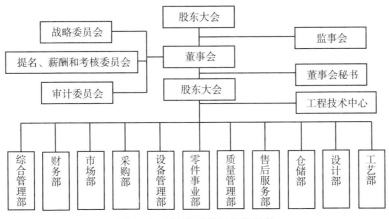

图 5 – 1　TF 液压公司组织结构

2. 职能部门的主要职责

在 TF 液压组织结构框架下，综合部、财务部以及产品事业部各司其职，共同实现公司高效运转，如表 5 – 1 所示。各职能部门按相应的职责安排，实现良好运行。

表 5 – 1

| 序号 | 部门 | 职责 |
|---|---|---|
| 1 | 综合管理部 | 制定公司有关规章制度、工作流程；负责公司人力资源规划、招聘与配置、培训教育、薪酬管理、劳动关系、考勤管理；负责建立企业文化及公司宣传工作 |
| 2 | 财务部 | 负责公司会计核算、财务管理、内控管理、税务管理；对公司经营过程实施财务监督、稽核、检查、协调和指导；编制并组织实施各项财务计划；定期对公司的运营情况开展分析，提供报告 |
| 3 | 市场部 | 根据公司长远战略规划，提供相应的营销发展目标、规划和年度营销工作计划，并细化季度、月度营销计划；负责完成公司下达的年度销售指标、考核指标；积极开拓市场，建立营销网络 |
| 4 | 采购部 | 按照公司的生产计划，结合库存情况合理编制采购计划实施采购，在规定的时间内完成采购任务，确保生产正常进行；拓展采购渠道，积极培养优秀供货方，定期对供货方进行考核和评估 |
| 5 | 设备管理部 | 负责公司所有设备的建账管理、维修保养以及新设备的验收调试工作，确保正常生产设备需要 |
| 6 | 零件事业部 | 根据公司计划和要求，主要承担和负责公司主导产品插装阀产品、油缸及充液阀、移动液压产品的组织加工、装配、实验和成品入库工作，确保生产指标完成，并对产品质量、交期、设备维护、现场管理和人员管理负责。承担和负责公司精密零件产品的组织加工和成品入库以及新产品的试制工作，确保生产指标完成，并对产品质量、交期、设备维护、现场管理和人员管理负责 |
| 7 | 质量管理部 | 负责组织质量管理、计量管型、质量检验标准等管理制度的拟定、检查、监督、控制及执行；负责建立和完善质量保证体系，制定并组织实施公司质量年度质量目标，确保产品质量的稳定提高 |
| 8 | 售后服务部 | 主要负责公司插装阀产品、精密零件产品及相关设备的售后服务、调试、维修及技术支持 |
| 9 | 仓储部 | 做好仓库物料的收发存管理，协助财务成本管理对物料采购与车间成本控制和监督；做好生产物料的调度工作，切实履行物料储备和配送的物流职能；定期或不定期向财务部报告物品存货质量情况及呆滞积压物料的分布 |
| 10 | 研发部 | 负责新产品和新技术的开发应用；新产品在市场的发展情况，进行市场预测；结合新产品的工艺，确定重点和难点，确定新产品的检验标准、方法和手段；对新产品研发部工艺中的难点进行实验，确定并不断修改实验方法，提出制造辅助工具及工装夹具的方案以及所需购买的设备、仪器清单，确定项所需的原材料并认定供应商；负责新产品开发项目的市场开发，参与售后服务；参与编制、审核技术协议等 |

| 序号 | 部门 | 职责 |
|---|---|---|
| 11 | 设计部 | 负责根据客户需要，做好产品的设计，新产品、新材料试制等有关事项；对公司开发的每个新产品，编写实施方案及实施计划，并对新产品开发进行全面监督；新产品投入批生产时要对该产品的质量进行预测分析；解决影响生产、产量、质量的问题；审核签发生产用图、技术文件、工艺文件 |
| 12 | 工艺部 | 根据公司生产制造能力及产品技术要求，编制产品工艺，不断在实践中应用新工艺、新方法、降低制造成本，提高效率；负责工时定额管理；负责工装家具设计；负责产品的技术支持 |
| 13 | 工程技术中心 | 分析行业整体水平，研究行业产品发展趋势，提供公司需要的技术支持，组织新品研发工作；开展对客户需求、新技术、新设计的创新研究；组织拟订和完善公司开发项目产品的开发计划、开发标准；组织研发成果的鉴定和评审；汇总每个项目的可重用成果，形成内部的资源库。工程技术中心下设研发部、设计部、工艺部 |

## 二、公司内部治理结构

### （一）股东大会

公司股东大会是公司的权力机构，决定公司经营方针和投资计划，审议批准董事会报告、监事会报告、年度预算方案及决算方案、利润分配方案及弥补亏损方案等。涉及关联交易的，关联股东实行回避表决制度。股东大会对提案进行表决前，推举两名股东代表参加计票和监票。审议事项与股东有关联关系的，相关股东及代理人不得参加计票、监票，对提案进行表决时，由股东代表与监事代表共同负责计票、监票。

液压公司举行首次股东大会并通过决议，选举 9 人为董事，组成第一届董事会，其中 3 人为独立董事，任期 3 年；选举 2 人为监事，与职工代表大会选举产生的由职工监事共同组成第一届监事会，任期均为 3 年。

### （二）董事会秘书

经公司第一届董事会第一次会议决议通过，聘任公司董事会秘书，根据《公司章程》及《董事会秘书工作细则》的规定，董事会秘书负责公司股东大会和董事会会议的筹备、文件保管以及公司股东资料管理，办理信息披露事务等事宜。在历次股东会议召开过程中，董事会秘书主要负责会议资料的收集、议程的安排、会议的记录等内容，由于是非上市公司，对外披露信息较少，主要负责与政府监管部门沟通，提供相关信息。在公司业务、治理问题上，并未就公司业务发展、战略定位、治理结构调整等提出方案，主要履行公司制度规定的执行功能。

在一些敏感业务上，董事会秘书难以依据相关规定对总经理、董事会成员进行干预，董事会秘书"高级管理人员"职责难以落实。公司在制度安排中仅赋予董事会秘书会议筹备、对外信息披露等职能，主要对董事会负责，但难以对董事会成员进行监督，高管身份存在一定障碍。董事会秘书福利待遇水平与其他副总等高级管理人员也存在一定的差距。在这种背景下履行董事会秘书职能存在制度障碍。

### （三）专业委员会

公司设置提名/薪酬和考核委员会、战略委员会及审计委员会，其中提名/薪酬和考核委员会并未实际运行，而战略委员会同样处于构建状态，审计委员会已经初步建设完成。在既有的组织结构框架下，下设审计委员会对公司经营进行内部审计，审计委员会独立于董事会对经理层进行审计监督。审计委员会由三名成员组成，董事会秘书和两名独立董事组成，获取定额薪酬，而董事会秘书又为公司财务总监。根据公司章程规定，审计委员会具有审计公司财务信息、对关联交易的公平性进行审核，审查公司内控制度等职责，现有的审计委员会人员构成难以保证审计职责的实现。

审计委员会主要职责包括：针对公司具体情况，对公司经营战略的实施进行跟踪研究，提出相应的风险控制和措施；提议聘请或更换外部审计机构；指导和监督公司的内部审计制度及其实施；负责内部审计与外部审计之间的沟通；审核公司的财务信息及其披露；审查公司内控制度，对重大关联交易进行审核；公司董事会授予的其他事宜。

## 三、公司内部治理存在的问题

### （一）控股股东股权控制与关联交易

根据《公司法》的规定，持有股份占股份有限公司全部股份50%以上的股东为控股股东。在TF液压股份有限公司股权结构下，董事长王某直接持有公司65.84%的股份，蒋某直接持有公司4.81%的股份，王某儿子和蒋某通过合计持有公司股东瑞德投资100%的股权而间接控制公司11.65%的股份，即实际控制人王某、蒋某和王某儿子直接和间接控制公司 82.30% 的股份。在公司现存治理框架下，实际控制人可凭借其控股地位，通过行使表决权等方式对公司的人事任免、生产和经营决策等进行不当控制，从而损害中小股东的利益。

### （二）董事会结构不合理，运作不规范

#### 1. 董事会对经理层的制衡薄弱

董事会的监督表现为董事会对高级管理人员的监督，TF 液压在 2010 年之前未设董事会，王某为执行董事兼公司总经理，董事会的监督本质上演变为对其自身的监督。2010 年引入投资者并设立董事会，董事会中 9 名成员中有 8 名成员由执行董事提名，并任公司总经理，董事会对经理层的监督演变为下属对上级的监督，权力缺乏制衡，董事会对经理人员的监督难以实现。

#### 2. 董事会提名委员会有效性不足

在 TF 液压内部，大股东王某兼任公司董事会主席，负责公司整体运营，造成公司家族化倾向明显。在现有董事会成员中，王某之子担任公司副董事长，但并不参与公司经营活动，9 名董事中 8 名与王某关系密切，在这种制度约束下，机构投资者、中小股东以及利益相关者的权益难以保证；监事会成员大部分为王某现公司高管，难以规避大股东操纵董事会的现象。

#### 3. 独立董事不作为

本公司任命了三位独立董事，以加强公司的运营和规范。三位独立董事均具备较高的社会认可度，其中一位为液压气动密封件工业协会理事长，一位为机械工业企业管理协会发展战略委员会委员、国际招标国家库专家，另一位为会计师事务所副所长、资产评估协会理事，三人年均薪酬为税前 6 万元。三人参加股东会议多通过委托投票进行，存在利益输送的可能性，并不利于公司治理水平的提高和完善，且未有效规避关联交易行为，难以发挥实质性作用。

#### 4. 董事会权利失衡

在董事会成员选择的过程中，TF 液压采用直接投票制，导致董事来源单一，董事会成员基本为公司最初成立的代表，管理素养不足，视野不够开阔，难以从各个维度进行问题分析，决策往往基于历史经验，缺乏创新能力。

### （三）监事会功能不足

TF 液压监事会自身设置存在一定的问题，独立性差，难以独立对公司管理层进行监督约束，监督实质性作用发挥不充分。

1. 监事会监督有效性不足

作为内部专职监督机构，监事会应以出资人代表的身份行使监督权并对股东负责，完全独立行使监督权利，不受经理层干预，且所有监事行使平等监督权利，监督权利无差别。监事会监督公司一切经营活动，且以董事会和总经理为主要监督对象，向股东大会报告监督情况，并反馈监督信息。

2. 监事会监督保障程度低

监事会一年开会次数不足，平均每年开监事会会议 2 次。根据《公司法》的规定，股份公司应设置股东会、董事会、监事会，其中股东会或者股东大会是公司最高权力机构，而监事会是公司监督机构。监事会由股东会或者股东大会选出，而董事会仅对股东大会负责，而无须对监事会负责，难以达到制衡的目的，实质性权力较少。

### （四）高管激励不合理

公司激励机制安排是为了解决委托代理产生的代理成本，委托人通过机制设计促使代理人采取适当行为，最大可能实现委托人的目标，减少代理人的偷懒行为。如果视公司治理为契约关系，激励机制是一种利益相关者分享经营成果的契约，通过建立高效的激励制度实现利益相关者和股权所有者利益最大化。

1. 高管报酬制度不合理

（1）物质激励不足。公司高级管理人员报酬由固定薪金、退休金计划等构成，固定薪金提供可靠稳定的收入来源，对经理层高管起到生活保障作用，但灵活性和预期性不足，难以分享公司经营成果。

（2）剩余控制权与剩余索取权不匹配。通过研究国外上市公司发现，股票和股票期权有利于激励经理层进行长期投资，规划长期发展战略，减少短视行为。传统的公司治理注重监督和制衡对激励机制重视不足，造成机会主义、偷懒行为和道德风险。有效的激励机制有助于解决道德风险的和逆向选择造成的代理成本问题。

在公司剩余控制权激励设计中，对剩余控制权的分配意味着转让剩余支配权，有利于最大化效率。TF 液压不存在剩余控制权的分配，忽视了对创造和生产剩余的经营者激励。剩余控制权的激励除股权之外，还包括非货币物品和人事权。

（3）声誉激励机制不健全。根据马斯洛的需求层次理论，在满足基本生活需求的前提下，高层次的价值实现成为员工追求的目标。在公司治理中，物质的激励之外的精神以及荣誉激励对于高层管理人员、核心技术员工非常重要。声誉激励成就高级管理人员内心满足感，使其获得社会尊重和认可。地位、荣誉以及声誉是员工努力工作的影响因素；另外，声誉意味着未来货币收入，现期声誉与未来货币收入存在替代关系，良好的声誉可以提高管理人员预期收益，减少遭到解聘以至失业的可能发生。

2. 高管聘用非市场化

物质或者货币激励是资本所有者对经理层激励的主要措施，但并非唯一手段。另外一项重要措施应该是人事聘用和解聘权，通过竞争性的经理人市场实现。潜在的竞争形成对当前管理层的威胁，强化经营管理层对声誉的重视，使其减少短视行为和利益不一致行为，强化股东利益最大化的目标。从 TF 液压内部人事制度分析，公司高级管理人员基本上从家族或者朋友圈中选择，而非从基层员工中层层选拔培养，员工提升在狭小的亲属范围内进行，用人制度上存在"亲情束缚"现状，较少考虑专业相关度，降低了员工的安全感和积极性。

## 四、公司治理问题原因分析

### （一）股权结构不合理

企业生存于其治理结构环境中，治理结构在一定程度上对企业发展轨迹起决定性作用，影响未来治理结构发展方向和变迁轨迹。从 TF 液压的企业发展历程发现，早期王某通过朋友、亲属筹借创业资本，而通过资本市场或者金融市场难以筹集，即使可以获取，资本成本较高，属于非理性或者非经济行为。而通过创业基金获取发展可能性更低，家庭、朋友是企业存在的基础；由于外部信任的缺失，企业只能通过家族内部信任弥补，达成家族内部高度信任文化，从而表现为高度的路径依赖。从表现形式上发现，无论采购还是销售，关联交易都较为严重，董事会成员均为董事长亲属或者朋友，不利于治理水平的提高。

从股权结构分析，TF 液压具有典型的家族企业特征，具备一股独大的产权结构安排，所有者与经营者重合，企业性质上属于典型的父子掌控型家族企业，形成封闭单一的产权结构，制度化的监督措施不完善。

单一的产权结构造成制度化的监督约束机制难以确立，意味着过多的经营风险，造成筹集资金困难。在发展过程中，面对市场机遇扩大销售规模，主要渠道是银行信贷支持，但 TF 液压获取贷款一直较为困难，资金成本较高并要求法人代表承担连带担保责任。企业难以摆脱家族经营的痕迹而独立生存，降低了专业经理人的选择及职业化的发展规划，个人和家族决策严重制约企业经营。

TF 液压公司产权对外是清晰的，家族成员是其所有者，而家族成员内部不同成员之间产权是模糊的，为日后家庭纠纷埋下隐患，随着企业发展壮大，产权不清造成交易费用上升，成员间的股权界定以及家庭成员的和睦容易影响企业发展轨迹。

企业治理结构变革对原有利益格局的冲击是多方面的，表现为职业经理人的潜在威慑和股权稀释，这同时也是企业所有权和经营权分离的过程。TF 液压上市后，通过资本市场融资实现股权分散，部分家族人员被挤出管理层，让位于职业经理人；同时治理结构变革造成所有权结构多元化，股权不断稀释，无论前期的引入机构投资者，还是在资本市场上市，均会造成股权稀释，因此，家族成员为既得利益，会干扰制度变革。

### （二）董事会治理矛盾

企业治理结构变革表现为对既定制度安排的依赖。目前我国宏观制度环境可以表现为法治体系不健全、市场欠发达、信用体系缺失以及社会交易成本偏高等，而微观制度环境表现为企业内部人力资源安排依托"差序格局"式的信任，技能、管理和专业能力源于血缘的限制，偏高的治理变革成本源于现有制度环境的过度依赖，造成预期收益无法抵消变迁成本，难以实现治理变迁的正收益，渐进的制度变革成为企业发展的理性选择。彻底的制度变革不现实，也缺乏成熟的制度环境。

在现有制度安排下，既得利益集团，存在维护原有制度安排的意识的动机，并通过各种措施强化这种制度安排，维持既有制度秩序并传承继续。以 TF 液压为代表的民营企业，家族控制痕迹明显，决策权、人事权和所有权集中于法人代表，家族成员担任重要职位，并对亲属进行人员岗位安排并形成利益格局。而企业变革将打破原有利益格局、损害部分成员利益。为维护原有利益安排，家族成员很可能对制度变革进行阻挠。

### （三）高管激励制度不完善

从企业发展周期角度分析，在企业进行股权多元化推进过程中，经营权和所有权逐步分离，其间，经营者和股东利益越难协调，代理人的激励和约束机制越复杂，激励费用和约束成本越高。在企业成立早期阶段，由于所有权和经营者高度一致，剩余控制权和索取权有效组合，降低了企业经营的激励、约束成本，明确的产权安排有利于进行激励作用。从一定程度上讲，TF 液压初创阶段高度一致的所有权和经营权有利于降低激励和约束成本，是一种有效的激励约束机制。

高层管理人员董事全部为亲属或者朋友,通过社会招聘选择的高级专业技能人才极度缺乏,对于总经理、副总经理以及财务总监等核心岗位,企业重视关系和信任而非专业技能和知识;对高级管理人员进行绩效核定时,采用基本报酬和风险收入的模式,但由于风险收入偏低,难以实现激励高级管理人员的目标。由于战略发展、人才模式以及领导人能力方面因素,市场化激励高管方面缺乏创新,沿用传统物质激励为辅,亲情感染为主的策略,导致高级管理人员满意度下降,对优秀人才吸引力不足。

### (四) 创新型文化欠缺

家族文化影响我国经济和社会发展,渗透至企业经营的方方面面,限制外部人员的引入。这种文化下的企业强调服从,员工缺乏自觉性和主动性,不利于企业长期、稳定发展。

这种文化下的企业对契约和规则意识淡薄,关系被企业管理人员接受,形成以家庭为中心、以家族伦理为标准的行事原则,通过形式化的职业管理模式,实施家族关系主导下的治理实质。公司治理过程中超越家族或者泛家族存在较高难度,技术和管理能力让位于家长权威,"人治"理念淡化了规划和契约精神,使职业经理人难以引进或者难以实现其雄心,长期交易不足,缺乏合理理性预期。

公司基于朋友关系、战友关系、同学关系以及亲缘关系,安排管理岗位和职责,形成"泛家族成员"。这种人员安排在公司成立初期,由于其代理成本较低,委托人对代理人信任度高,推动公司规模迅速扩大。但在后期发展过程中难以满足企业在科技投入上的需求,制约企业发展轨迹,难以吸引职业经理人和有才华的专业人才,加剧了企业运营的风险。

## 五、改善公司治理结构的措施

在总结 TF 液压公司治理中存在问题的基础上,以下对股权结构、董事会、监事会和高管激励多个层面的改善提出针对性的建议和安排。

### (一) 股权优化结构

TF 液压公司董事长与总经理由王某一人担任,控股比例达 82.3%,是公司绝对控股股东。为减少控股股东不当行为可能对公司造成的影响,实现决策制度化、规范化,建议对控股股权进行调整,降低控股股东控股比例,对决策权力进行制衡。

1. 改善投资者关系

TF 液压引入两家机构投资者，未来几年可能引入战略投资者，通过构建高效信息传递机制，改善与投资者的关系，进行业务、战略沟通，动态分享公司经营、战略信息，提高机构投资者对公司的认可程度，并树立良好的外部口碑，实现公司治理溢价。

改善投资者关系是外部治理的重要方式。通过促进投资者及时、准确掌握公司经营信息，并参与公司治理活动，可制约公司控股股东对中小股东的侵害行为。通过外部投资者的压力，促进经理人专注于公司经营。

2. 引入战略投资者

公司引入机构投资者可在一定程度上分散股权结构。但机构投资者以实现公司上市为目标，并非以长期持有公司股票、分享公司经营发展成果为战略。建议引入与公司经营发展相关且有意愿长期持有公司股权的战略投资者。战略投资者应该在人才、技术、市场、管理、资金以及信息平台上存在优势，能够提升企业创新能力，增加公司核心竞争力，促进企业进行产业升级，从而持续扩大公司产品市场占有率和渗透率。

战略投资者谋求公司的长期持续发展和远期利益回报，存在优质的资源条件、先进的管理、充裕的资金以及领先的技术，并通过协议长期持有公司股权，对公司治理行为约束协调、监督和约束实际控制人对公司行为，影响公司管理经营活动，并有能力参与公司治理活动。战略投资者的引入可以改善传统机构投资者的短期投资行为，解决 TF 液压的融资难题，并有效提高公司治理水平。

3. 调整股权表决权

TF 液压作为一家家族企业，王某对公司发展和经营战略责任重大。"一股独大"的股权格局有利于快速、有效地实现决策，但股权过度集中容易造成控股权滥用行为、损害中小股东或者潜在股东利益，需要对公司股权结构进行调整优化，分散股权集中度。

由于公司股权结构具有稳定性，短期内实现改变难度较大，为实现对 TF 液压的股权制衡，从现实股权格局出发，可通过调整股权表决权限，实现优化决策的目标。在公司章程中修改决策制度安排，对重大决策行为采用累计投票制，对于关系到利益相关者的重大公司行为，如利益分配、重大担保、资本上市、发行债券、资产重组以及关联交易等事项，对实际控制人王某实行表决权控制，设定最大表决权比例，并根据公司股权结构进行调整。

## （二）完善董事会制度

独立董事制度以及董事会专门委员会对于监督公司治理活动、提高公司治理监督水平发挥主要作用。在以 TF 液压公司为代表的家族企业中，由于制度设计存在的瑕疵，监督职能虚设，难以正常发挥。

### 1. 建立董事培训制度

公司经营规模的扩大，导致生产条件不断变化，为满足公司发展要求，董事会成员应不断通过学习新知识以适应新环境的变化。由于董事会成员日常事务繁忙，主动收集和学习新知识的动力不足，因此通过建立董事成员培训制度提高公司创新能力和接受新思想的能力十分有必要。

培训体系包括内部和外部培训，内部培训传授公司治理原则、董事、高管权利、义务、责任、资本市场情况、融资、并购法律问题，以强化董事成员领导责任，规避道德风险；外部培训主要传授新技术、产品发展新动态，以提高董事专业能力，指导公司下一步经营发展方向。

### 2. 完善董事会专门委员会制度

在现代公司治理架构下，董事会下设专门委员会，负责对公司薪酬、审计、提名进行监督，以提高公司治理的规范性。在引入专业化的独立董事会的前提下，建议激活公司战略委员会和提名委员会，提名委员会对经理层的任职资格、条件进行审核，并筛选符合条件的管理层人员。战略委员会对公司发展规划、机制推动、投融资等决策进行可行性分析，以提高战略实施的计划性。

## （三）提高监事会治理有效性

监事会作为专业的监督部门，以出资人的名义行使监督职能，不受经理层、董事以及股东的干预，对账册和业务行使无差异监督权。列席董事会会议，对业务进行全面监督，为公司决策提供信息支持。

### 1. 强化监督责任考核

TF 液压的公司章程规定了监事会的职责，但并未明确监事会的监督责任，导致监事会监督责任意识不强。在保证监事会独立性的情况下，建立加强对监事会本身的管理，强化其监督责任，在公司章程内明确监事会职责，通过可操作、可考核的职责标准，由股东大会对其进行考核，并核定绩效薪酬。对监督不力导致的公司损失，保留追究监事会成员责任的权力。

通过职工代表大会选取职工监事代表，并要求职工监事进行基层调研，听取基层员工的建议和反馈，参与决策时表达员工意见，通过一定的渠道和形式向员工反馈监督信息，以使公司员工了解企业运作情况。

2. 强化监督职能

针对 TF 液压公司监事会功能发挥欠缺的现状，应有针对性地提出完善措施。从监事会履行履职上分析，要求公司监事会成员对会计报表进行确认，根据对公司经营、发展的战略反馈决定是否续聘等制度安排；成立工会组织，一方面通过工会选举职工监事，另一方面通过工会监督公司经营活动、维护公司职工权利，提高公司在市场中的美誉度。为强化监事会的监督职能，对监事会进行财务、会计、计划以及财务监督，审查账册并审核财务报表，对公司治理中存在的问题提出建议。

作为公司监督机构，监事会的独立性是实现监督功能的前提，监督机构独立于监督对象，才能准确、公正、客观履行职能。类似于独立董事，在监事会中建议引入独立监事成员，独立监事不担任公司具体职务，并与公司股东之间不存在利害关系，以独立于管理层和股东，保证监事会有效行使监督职能。目前 TF 液压公司 3 名监事中，2 名是公司员工，1 名是少数股权股东，在工作中受领导制约，无法正常行使监督权，建议在无关联企业中选择专业会计或者法律人才加入公司监事会，并适当增加公司监事会成员人数，保证监事会工作正常进行。

### （四）健全高管激励机制

健全公司治理激励机制应从多方面入手，涉及股票激励计划、管理员工声誉激励以及投资者关系管理等，通过设计良好的用人制度，为引入职业经理人进行铺垫，吸引优秀管理人才和技术人才加入。

1. 设计股权激励方案

股权激励有利于吸纳管理层成为股东，实现公司利益与高管利益相一致，强化公司高管的责任心和积极性，可以提升公司管理水平和决策能力，形成长期激励约束机制，增加团队的凝聚力和执行力，提高公司整体综合管理绩效，同时解决人力资源发展通道问题，使内部治理外部化。

鉴于 TF 液压现有股权结构，初步设计通过转让瑞德投资股权，实现股权既不稀释，又强化管理层激励的目标。奖励范围涉及公司管理层、核心技术人员、老员工等。

2. 完善绩效考核

TF 液压采取基本年薪＋年度绩效的考核方式，注重短期利益，无长期报酬，基本年薪占比过高，年度绩效考核占比过低。主要依据市场规模增量进行考核，无市场指标的高管人员拿平均绩效的 80%。这种考核方式注重企业发展的表现而非自身经营情况，难以真实反映公司运营和管理层业绩水平。

最近三年公司快速发展过程中，因应收账款过多，销售收入确认存在一定的风险，现金流一直处于紧张状态。为实现考核的完善性，提高绩效的激励作用，建议完善考核指标，引入多层次量化指标，从市场占有率、生产效率、应收占比等进行量化考核，提高考核的针对性。

3. 强化声誉激励

TF液压在薪酬设计上采取年薪加奖金的激励形式，员工薪酬待遇与公司经营发展相挂钩，存在激励不足的问题。另外，这种显著的激励容易造成绩效与付出不对称的问题，为提高员工积极性，在物质奖励的同时，应该注意精神激励，对管理层员工以及核心员工强化声誉激励，解决物质激励效用不明显的问题。

在公司内部管理层，副总经理均为职业经理人，在行业内工作二十余年，关注在行业内的职业声誉，职业声誉是经理人预期收益，是一种隐形激励约束机制，促进管理层追求股东利益最大化。为发挥公司经理人声誉的价值效应，公司内部可设置年度声誉奖项，如年度贡献奖等，从精神层面对有贡献的高管进行激励，提高声誉激励的效果。

# 第二节　国有控股企业的实证分析

## 一、国有资产监督管理体系中的国有控股公司

国有控股公司属于国有资产监督管理体系中的中间层。这个体系中，第一层是国有资产管理监督委员会（国资委），行使国有资产所有者职责。该委员会属于政府机构，但与政府行政部门相互独立，以国有资产的保值增值为目的，并且行使监管国有资产的职责。第二层为国有控股公司，经国资委的授权和委托，管理经营性国有资产，以获取最大化的国有资产收益为经营目标。第三层为国有控股企业、国有参股企业和国有独资企业，这些企业是由国有控股公司参股或出资形成的，是国有控股公司的子公司，也是直接从事商品生产经营的市场竞争主体和经济实体，承担国有资产的增值和保值任务。因此，国有控股公司起着一个承上启下的作用，处于相当关键的位置。

关于国有控股公司的法律地位与性质，理论界的看法也各不相同。第一种观点，国有控股公司性质上是"准政府"，但承担着政府和企业的双重职能；第二

种观点，国有控股公司不该承担政府职能，而只能作为一般的企业法人；第三种观点，国有控股公司既不是"准政府"，也不是一般的企业法人，它是一种非常特殊的法人；还有一种观点认为，国有控股公司在性质上既不是一般的企业法人，也不是特殊的企业法人，而是处于特殊法人和一般企业之间的企业组织。

笔者同意第三种观点，即认为国有控股公司既不是一般意义上的企业法人，也不是"准政府"，更不是介于特殊法人与一般企业之间的企业组织，而是特殊的企业法人。国有控股公司是经过国资委批准或授权以后，对在授权范围之内的国有资产行使所有权，主要是以控股的方式从事生产经营或资本经营的特殊的企业法人。其特殊性表现在以下方面。

（1）国有控股公司和国有集团公司、国有综合性控股公司、国家投资公司是同一个层次，它既可以是一种混合型的控股公司也可以是纯粹型的控股公司，并且它是完全自负盈亏、自主经营、独立于政府之外的企业法人。

（2）国有控股公司是以产权营运业务与资本经营业务为主，其最主要目的是确保国有资产的增值和保值。它以整个控股集团的战略为核心，管理所有的被控股公司，并使整个国有控股公司集团的利益最大化。

（3）目前我国建立的国有控股公司应该具有特定的功能。国有控股公司不仅应该具有普通企业的经营目标，也应该承担一定的社会目标，并且它还是国家宏观调控的重要工具。

（4）其受《国有资产管理法》的约束和保护。

## 二、国有控股公司董事会制度

党的十六届三中全会提出，国有企业必须严格按照现代企业制度的要求，规范公司股东会、董事会、监事会、企业经营管理者的权责，形成公司权力机构、决策机构、监督机构、企业经营管理者之间的制衡机制。

国务院国资委出台了《关于中央企业建立和完善国有独资公司董事会试点工作的通知》《关于国有独资公司董事会建设的指导意见（试行）决定》以及《国有独资公司董事会试点企业外部董事管理办法》。通过采取"淡马锡模式"，推出了中央企业进行董事会制度试点。

通过进行国有控股公司董事会的试点工作，试点企业已经初步形成了经理层执行和董事会决策的公司运行机制，董事会、经理层、监事会和出资人有效制衡，各负其责，协调运转的机制已初步建立并开始运转。董事会试点工作的实施促进了企业经营管理者开阔视野和更新观念，促使企业经营管理者按照现代的企业制度运行模式组织企业的经营管理活动，同时通过董事会的试点工作的实施，在外部董事人数占大董事会成员多数的企业中，董事会战略性地监控企业，并负责企业的重大决策，以及负责选聘、考核、评价和激励经理层，董事会已逐步成为国有控股公司深化内部体制改革、加强企业管理、提高运作效率的重要制度保证。

## 三、国有控股上市公司独立董事制度

非上市公司和上市公司董事的职权并无明显差别，但是因为我国上市公司"内部人控制"的现象非常严重，而且作为公司法定监督机构的监事会成员独立性较差、信息不对称和地位较低等因素影响并导致了监事会整体失效，以致公司经营层完全处于中小股东的监督之外，使得大股东和公司经营层侵害上市公司的利益的现象时常发生。为解决这个问题，在上市公司中引入了独立董事制度。

董事会中之所以设置外部董事、独立董事和非执行董事，是因为他们能给董事会带来客观性和独立性，让他们成为制衡机制的组成部分，能监督与保证执行董事、内部董事和经营层在代理关系中做到不损害公司和股东利益。然而，作为非执行董事或者外部董事并不意味着就拥有独立性，作为股东董事或者股东代表董事的外部董事也无法保证客观独立性，他们有可能只代表了自己一方的利益，所以有必要引进独立董事。

## 四、国有控股公司董事会建设中存在的突出问题

### （一）董事会由内部人员控制的问题比较突出

近年来，我国在国有控股公司董事会制度的建设上取得了很大的进展，但是，董事会制度的建设也并非很完美，内部人员控制的问题依然存在；形式化的董事会制度依然严重。流通股的股东在董事会中的具有很少的代表性，董事会普遍由大股东的代表来控制。在聘任独立董事方面，由于程序的不规范（九成以上的独立董事由第一大股东提名的事实），而且大部分属于社会名流，很难保证他们能有充足的精力、时间及丰富的实践经验来履行董事的职责，无法保证他们的独立性。

国有资产管理部门应该督促中央及地方的上市公司设立强大的董事会，通过约束公司"关键内部人"的自利行为，促进公司的规范化运作。此外，通过董事

会来监督与管理国有企业，一方面可以推动企业的健全与运作，另一方面减少了政府的干预。因为如果政府过度介入公司的治理结构，将会影响公司的代理，影响企业的正常运转。根据《上市公司治理准则》的第二十六条："上市公司的监事会、董事会和其他内部机构应该独立运营。控股股东和其职能部门及上市公司和其职能部门之间不存在等级关系。"然而，目前大部分上市公司的实际控股股东是政府，国资局或者国资委代表政府履行出资人的职责，实际上成为国有控股公司董事会的上级。

### （二）董事长越位

新《公司法》第六十八条中明确规定："国有资产监督管理部门可以委派国有独资公司董事会成员，公司董事长及副董事长由国资委指定"。然而，从当前的法规来看，国资委并没有给以董事会考核董事和董事会的权力。这也常常导致"副董事长"及"董事长"成为无人监管的职位，很难避免董事长操控董事会的事实，并在很大程度上严重影响了董事会的集体决策机制发挥应有的作用。

同时，在《关于深化国有企业改革的指导意见》（以下简称《指导意见》）中也明确地指出了总经理是公司的首席执行官，董事会负责考核及选聘总经理；明确了总经理的职责与董事会职责之间的界限。然而，根据以往的中央企业实际状况来看，大部分的企业董事长兼任企业的法定代表人，只有很少数的企业法人由总经理担任，假如董事长是公司的法人，那么董事长就必须对公司行为承担责任，此外，董事长被国资委指为公司的"第一责任人"。这都是导致董事长把自己当作统筹运营公司全部业务的因素，这常导致董事长干预企业的生产经营活动。同时，董事长出任公司法人，那么他在公司管理结构中的地位将会非常突出，尤其是对于集国资委、党委书记及法人于一身的董事长而言，就算规定董事长"不承担执行性的任务"，他也不可能不对公司的日常执行性事务产生较大的影响，从而成为公司实际上的首席执行官。

### （三）公司内部权力与责任分配机制较混乱

由于体制的惯性的影响，目前，很多国有企业在改制后还使用传统的管理运作方式，主要表现为董事会、党委会及经理班子办公会的"三会合一"，成为企业经营管理及战略决策的核心组织。重视股东会、董事会及监事会等组织机构的设置，但是并没有建立起运转的相关程序及制度，或者制定的程序及制度没有得到真正贯彻，没有设置针对性的董事会办事部门，也没有专门设立委员会，基本不召开专门的董事会。由于董事会属于个人负责制及集体决策，而经理层属于总经理个人负责制，这种决策机制的形式多样性很大程度上弱化甚至是形式化了董事会作为企业决策核心的角色，从而导致公司内部层级体系及权责分配机制的混乱。

### （四）国资委派出的外部董事无法充分发挥作用

外部董事通常能够推进董事会的有效性及独立性，在实现董事会的成员互补与结构优化以及提高董事会的决策水平及独立客观性以及在解决经理层成员及董事会职责交叉等方面发挥着积极的作用，然而，也存在着不能充分发挥作用的弊端。然而，外部董事的监督机制及评价机制在实际运作中如何有效的实施还需要进一步的完善。当前，公司存在的主要问题就是外部的董事不能有效地参与制定重大决策，不能及时发挥其制衡、决策及评价等功能。

### （五）对董事会和董事的评价与考核还需完善

在当前双重委托的代理机制下，两次委托代理常常会形成利益的不一致及两次信息不对称的问题，这也就常常出现代理者能否诚实地对委托者认真负责的问题。由于委托人及代理人的信息不对称，代理人及委托人的利益不一致，代理人难以积极主动地对委托人真正的负责。为了解决委托代理关系之间代理人的动力来源及委托人如何约束代理人的问题，委托人需要设计一套有效的激励及监督机制，用以促使代理人采取有利于增加委托人收益的行为选择，抑或促使委托人的目标及代理人的目标趋于一致。

根据国资委企业经营业绩考核的相关办法，企业经营班子成员及董事会成员应当全部纳入各级国资委业绩考核范围。国资委应对企业的考核分成任期考核及年度考核，主要是确定年度经营业绩指标，比如利润、销售收入及资产保值增值等指标，这些指标应当是董事会根据对经营管理考核来确定的经营指标，应该由董事会来考核经营管理层。

目前，国内外对如何科学合理地设计董事及其董事会的评价指标研究并不是一致的，这是由于对董事及其董事会的评价还处在一个新的概念，而对董事会和其董事设立绩效目标，并对目标进行评价，本身就是一件很困难的事情。对国有控股公司董事及董事会的评价，也面临着"行动上"及"观念上"的两难状况。评价什么、谁来评价和怎么评价等很多的问题，是各级国资机构所面临的新课题。

### （六）国有控股公司董事会行为绩效评价

董事会的行为会对董事会的绩效产生重要、深远的影响。关于董事会的绩效，一些学者觉得董事会功能所发挥的效果就等于董事会绩效，而另外一些学者通过研究认为董事会的绩效并不仅仅是董事会功能的发挥效果，比如美国的董事联合会里面的蓝带委员会（Blue Ribbon Commission，NACD）就觉得董事会绩效不仅包括董事会的整体业绩以及董事会领袖（董事会主席和董事长）的业绩，还包括董事个人的业绩。美国的《商业周刊》每年都评选出全美最佳及最差的董事会。这说明了对董事会绩效的评估是非常重要的。董事会的绩效来源于董事会的行为，因此，对董事会的绩效的评估，也就是对董事会的行为所产生的结果进行考察。

1. 董事会行为绩效的含义

坎贝尔（Campbell，1993）等提出的行为绩效的定义最具有代表性：绩效可以认为是行为的同义词，它是人们实际所采取的行动，而且这种行动是可以被他人觉察到的。行为绩效应当只包括那些和组织目标有关的，并且目的可以根据个体的能力进行评估的行为或者行动。

由于公司经营业绩与董事会绩效高度相关，所以企业经营业绩往往成为董事会绩效最直接也是最终的反映。也正因为如此，无论是理论界还是企业界往往存在一种认识上的误区——企业业绩等同于董事会绩效。实际上，企业业绩是企业在市场能力、资产保值增值能力、竞争能力和发展潜力等有关企业生存和发展要素的综合表现；董事会绩效则是针对董事会对经营目标的完成情况以及董事会自身在战略管理过程中合理配置企业内外部资源的行为及其结果的评价。因此，董事会的绩效评价比企业经营业绩评价更注重"人"的因素，尤其是董事会人力资本的能动性因素。

2. 董事会的行为绩效评价的意义

董事会行为绩效评价就是研究一系列的董事会行为，从董事会的内部业务流程方面去评价董事会的绩效，而不是只关心企业的财务业绩的结果。目前，对我国国有控股公司来说，董事会的行为绩效评价是企业运营中一个很重要的方面。

（1）有助于维护股东的利益。当前，对国有企业而言，股东作为公司所有者，是委托人。而董事会是代理人，股东将企业的业务委托给董事会，由董事会代理股东，并对公司的日常生产经营活动进行管理与监督，董事会拥有最高的决策权。股东委托董事会管理公司，并赋予董事会最高的决策权，那么董事会的绩效就会直接影响到股东自身的利益。因此，最关心董事会绩效的人是股东，他们迫切地需要了解整个董事会的绩效，来衡量董事会的职责履行状况，监督判断董事会能否代表股东的利益和分析董事会是损害了还是增加了股东的价值。因此，上市公司需要建立一个科学合理的绩效评价体系来对董事会的绩效进行评价，以满足股东监督管理董事会的需要，维护股东的根本利益。

（2）有助于实施激励约束的机制。激励约束的机制能否发挥应有的作用，在很大程度上取决于董事会绩效评价是否正确。激励约束的前提是绩效评价，如果缺乏较好的绩效评价体系，就较难正确地对董事会的绩效进行评价及计量，没有正确合理的评价结果，也就没有正确合理的奖惩依据，从而就不能对董事会及其成员进行有效的激励约束。在缺乏评价依据的情况下，股东对董事会及其成员的奖惩存在很大的随意性，这样会影响董事会成员的积极性，很可能会导致董事会效率低下。提高董事会对公司经营管理水平的关键在于对董事会激励约束与恰当的评价。因此，上市公司要对董事会的绩效进行有效评价，有了正确的评价结果，才能得到合理的奖惩依据，才能建立很好的约束与激励机制，充分发挥激励约束功能的作用，最终促进董事会更好地履行职责，更好地为股东的利益服务。

3. 有助于统一的董事会成员目标

董事会成员常常都是代表着不同的股东群体，董事会成员中不仅有大股东派出的董事，也有中小企业股东的董事代表，还有独立董事制度要求的独立董事，他们在行使其决策权的时候代表着不同股东群体，因此，会有不同的利益导向。各种身份的董事在董事决策大会上代表着其团体的利益，然而，通常情况下一种有利于某一团体的决策往往会损害其他团体的利益。由于这种情况的存在，上市公司需要建立董事会绩效评价体系，对董事会和其成员的绩效进行有效评价。对董事会整体的绩效而不是某一个利益团体的绩效进行评价，有助于董事将增加公司的整体利益作为努力的目标；评价每个董事的绩效，有助于促使每个董事从公司的整体利益出发，代表全体股东的利益，加强董事会成员个人决策的公正性和独立性。

**（七）评价体系设计的指导思想与原则**

笔者设计的董事会绩效评价体系的指导思想是从不同角度、不同层面对董事会运行的有效性和规范性进行科学的评价，评价指标是董事会规范运行的标准和导向，评价结果能全面、客观和真实地反映董事会运行情况以及绩效，能够完善董事会治理制度、促进股东价值的增值以及企业核心竞争力的增强。体系设计以系统分析为基础，并且遵循以下 8 个原则。

（1）针对性原则。笔者所研究的董事会绩效评价体系是针对出资人代表机构已对董事会进行相关授权或者已开展规范董事会建设的国有独资企业的，绩效评价体系的设计要站在保障出资人利益和促进企业长远发展的角度上。

（2）相关性原则。绩效评价体系以促进董事会规范高效运行为目的，因此评价指标要紧紧围绕其承担的职责，评价内容和标准要依据董事会的功能和职责加以确定。

（3）全面性原则。董事会绩效评价的内容和主体应多角度、多层面、全面地反映董事会的运行状况与绩效；从而全面、系统地对董事会的绩效做出评价。

（4）重要性原则。坚持重要性与全面性相结合的原则，选取能够反映董事会绩效的主要指标，并且要全面考虑成本效益原则。

（5）可衡量原则。绩效评价指标体系必须具有可衡量性，以便评价主体在操作中可以依据评价标准进行合理的评判。

（6）可达到原则。绩效评价指标要有清晰的要求与内容，董事会通过努力改善与完善可以实现这些要求。虽然有些指标也在董事会治理的范畴之内，但是在现行管理体制下，董事会未得到相关的授权，那么这些指标就不能作为评价指标。

（7）适应性原则。这些指标体系应该适应于国资委监管范围内的不同企业的董事会绩效评价。

（8）可操作性原则。在设计具体的评价要点和评价内容时，要充分考虑评价主体所掌握的信息，设计不同的评价要点和评价内容，尽量避免主观、无依据的评判。

### （八）董事会绩效评价指标体系的设计说明

评价指标是指董事会绩效评价的具体内容和实务对象。评价指标体系是根据《企业国有资产法》《国务院国资委关于中央企业建立和完善国有独资公司董事会试点工作的通知》《公司法》等法律、法规及实施意见等，结合国有控股公司特性和公司治理环境进行设计的，其内容可以全面、准确地反映国有控股公司董事会的治理现状和存在的问题，评价指标体系由以下四个层次构成。

一是根据董事会确定的董事会绩效评价维度，二是根据董事会功能和职责确定一级指标，三是形成一级指标下关于具体评价内容的二级指标，四是各二级指标的评价标准的总和。其中，评价维度由独立董事绩效评价、董事会整体绩效评价、董事长绩效评价以及董事会成员绩效评价四个维度组成。

董事会是由董事长和董事会成员构成的，无论多大规模的董事会，董事会成员都可以划分为外部非执行董事和内部执行董事两类。因此，可以将董事会的绩效评价分为独立董事绩效评价、董事会整体绩效评价、董事长绩效评价以及董事会成员绩效评价四个维度，分别对每个维度设置相关的评价指标，并依据这些评价指标对董事会的绩效进行全面评价。

董事会整体评价指标主要有：董事会是否独立、与股东之间的有无有效的沟通、董事会安排的会议次数、对经理的聘用是否恰当、是否增加了股东和公司的价值、董事会的决策是否恰当等。董事长评价指标主要由是否主持召开股东大会、是否组织召开董事会会议等组成。董事会成员评价指标主要有：会议的准备和出席情况、是否提供有价值的意见、是否具有专业的知识等。独立董事既要履行董事的一般职责，也要履行其他的职责，因此，与其他评价指标相比，独立董事的评价指标还包括是否维护中小股东的利益、是否能做出独立的判断、是否维护公司的整体利益、是否监督董事会的行为等。具体的指标形成后，上市公司要根据自己的实际情况对每个指标设置相应的权重，然后进行评分，最后通过一定的计算方法，计算出这次绩效评价的加权平均综合得分。

一般来说，董事会整体评估能够更加明确董事会的职责，创建并且完善其在公司治理中的内外部关系；而且董事个体的自我评价或互相评价也可以使董事自身的优势与劣势更加清晰地展现出来，还能更加明晰董事个体对整体的贡献程度。

关于对董事会整体的评估。一般情况下，对董事会的整体评估由董事会自身来完成，通常采用填写问卷的形式。每一个董事针对整个董事会在各个领域的绩效分别进行打分和评定。调查问卷设有开放性的问题，目的是向各个董事征求提高董事会绩效的建议和意见。这些问卷通常都是匿名的，以方便大家进行公开的讨论和交流。董事们提出的意见将汇总起来提交给董事会，评估的结果将通过总结或汇编的形式反馈给每一个董事会成员，也可在董事会会议上公布董事会整体的评估结果，并进行讨论，提出修改意见。

考虑到国有独资公司股权结构的特殊性和目前中央企业外派监事会的特性，笔者认为，经国资委授权的外派监事会可以对国有独资公司进行董事会整体评估。监事会应该对董事会整体运行状况的全面评价，并以书面报告的形式向国有独资公司的出资人——国资委汇报。国有独资公司外派监事会进行董事会评价，其评价内容应包含董事会的结构、行为和绩效三个方面。对董事会结构的评价主要包括对董事会专门委员会建设情况、外部董事与内部董事比例结构情况的评价。

关于对董事个体的评估。由于涉及董事的个人前途和董事声誉等事项，对董事个体的评估比对董事整体的评估要困难一些，笔者支持对董事个体进行评估，但是不能操之过急，董事的个体评估需要建立在董事会整体评估取得成效的基础上逐步推进。目前，公司最高级别的人力资源考核体系是对董事的个体评估，而评估的内容应包括能、德、绩、勤四个主要方面。能——主要考核董事的经验、知识、洞察力及商业的判断力和团队合作能力；德——主要考核董事的正直、使命感、责任心、诚信；勤——主要考核董事对公司发展付出的精力与时间及参加董事会数量；绩——主要考核提案被公司采纳的情况和董事个人的提案质量。

（1）董事个体的自我评价。通过设计一套问卷或评价表格给每一位董事会成员，帮助董事会在个体评估中对每一个董事会成员和委员会成员的绩效做出评估。其他董事一般不会参阅评估的结果，然而董事长或评估主持人接下来可能与被评估的董事进行面对面的讨论。这样做的好处是促进董事同董事长或评估主持人进行开诚布公的沟通和交流，进一步提高董事个体行为的绩效，从而提高整个董事会的运作效率。

（2）董事间的互相评估。董事的互相评估是指在特定的领域内，每一个董事由其他董事以匿名的方式对其在特定领域内进行评估，董事本人和董事长都将收到评估的结果。需要指出的是，董事会的评估不是董事长或是一两个董事的事情，董事会评估强调董事的集体参与。评估成功的关键是整个董事会包括内部董事、外部董事在内从头至尾的参与。在评估方式上，需要注意将董事个体评估与整体评估两种方式结合起来，还应把董事之间的评估和董事个体的自我评估结合起来。

上述评价体系的好处，一是其评价指标都是根据董事会及其成员的职责建立的，对这些指标进行评分能反映出董事会及其成员职责的履行情况，进而反映出董事会的绩效；二是指标体系简单易懂，其关键的问题是将董事会的绩效评价分为四个维度，亦即独立董事绩效评价、董事会成员的绩效评价、董事长绩效评价和董事会整体的绩效评价，并且每个维度设置的具体评价指标应当非常容易掌握，实施起来不复杂。但是，既然关键是把董事会的绩效评价分为四个维度并设置具体评价指标，那么难度也在于此，容易掌握不代表能运用得好，因为指标的设置非常关键也很难，股东要深思熟虑，要选择那些与该公司董事会密切相关的指标。如果随意选择指标，董事会的绩效就不能在评价结果上真正体现出来。这种体系的缺点还表现在指标的设置强调非财务指标，没有很好地反映董事会的财务业绩，毕竟董事会的财务业绩是衡量董事会绩效的重要标准，因此上市公司如果采用这种评价体系，最好能使用一些单独的财务指标对其进行补充，以衡量公司利润和股东价值的增减，以使董事会的绩效得到更好的评价。

## 五、国有控股公司董事会行为与公司绩效关系研究

### （一）年度董事会会议次数

董事会进行决策的最主要的工具与方式是董事会会议，它同时也是董事会决策制度的核心。从某种情况来看，董事会决策制度效率的高低、决策制度的独立是否有效在一定程度上都可以由董事会会议的召开情况反映出来。反映董事会工作强度的一个重要指标通常为每年度内召开的董事会会议次数，而董事会会议的质量则由董事会会议的出席率反映。

通常国有企业董事会会议的召开是由公司章程规定的，董事会成员在董事长的召集下对公司的重大行动规划、战略、经营计划和年度预算、风险控制制度等进行指导和评估，并且对股东、董事会成员和管理层之间的潜在利益冲突进行监督和妥善处理。董事长可以在董事会休会时代行董事会的部分权力，也就是对管理层的实际经营绩效进行监督和管理，并在需要的时候召开董事会并进行调整。需要注意的是，在董事会休会期间，董事长代行董事会权力也应该有限制规定或明确的范围。

统计表明，一般情况下，优秀的国外公司每年会召开十次左右的董事会会议，根据我国公司法的规定，公司每年度至少应召开两次以上的董事会会议。与此同时，企业自身专有特征、董事兼职情况和外部董事数量和董事会规模等因素也会对每年召开的董事会会议次数产生影响。一般情况下，法人股股东或国有股股东的代表占据我国董事会成员的多数，从而使得这些大股东在董事会中占有人数与股权优势，导致董事会会议的内容与结果受控于大股东。董事会会议对公司管理层治理评价，讨论内容更多的是公司的人事变动、制度建设和财务安排，而关于公司的经营战略的讨论较少。此外，往往当公司的经营状况遇到困难时，才会召开董事会会议用以解决这些问题。在对307家企业的数据进行分析以后，尼克斯（Nikos，1999）得出了这样的结果：公司绩效和董事会会议频率之间呈现一种负相关的关系。

基于以上分析，提出假设：

假设5-1：年度内董事会会议次数与公司绩效负相关。

### （二）董事会成员努力程度

董事会成员能进行决策不等于其有能力进行决策。董事会成员保证自己的决

策能力得到实施和发挥与其工作的情况密不可分。描述决策者个体的心理状况的方法并不能帮助我们判定其是否努力工作，因为董事会成员个体是否真正利用其决策能力是一个主观的因素。即便如此，我们还是可以寻找到替代变量来判断董事会成员是否真正利用其决策能力，比如，董事会会议报告的长度、董事会成员是否亲自出席董事会会议（或出席董事会会议的情况）、董事会决策是否翔实充分。在这三者之中，判断董事会会议的决策报告的长短和详尽程度是比较困难的。然而，在一定程度上，无论董事会成员以何种理由缺席董事会会议，都是其参与决策努力程度不足的一种表现。

基于以上分析，提出假设：

假设 5 - 2：董事会成员缺席会议（包括委托他人出席）比例与公司业绩负相关。

### （三）总经理的变更情况

在公司中，董事会行使的两项主要职能，一是控制决策职能，如高层管理人员的聘任、高层管理人员薪酬的决定以及对他们业绩的考核，以及监督公司的资本配置和解雇高管等；二是管理决策职能，如公司融资、长期发展战略和投资决策的制定。鉴于此，董事会往往被看作防止管理者不合格的第一道防线。公司经营业绩的好坏与作为公司最高经营决策者的总经理直接相关，而通过公司市场价值和公司的经营业绩对总经理的职业操守和经营能力做出评价是董事会的一项重大责任。董事会监督职能的另一个重要体现是在公司业绩不佳时辞退或者撤换掉业绩较差和表现不佳的总经理。我国的《公司法》明确规定，在股份有限公司中，董事会有聘任或解雇总经理职责，在必要的时候董事会有解雇公司总经理的权力。一般情况下，董事会会在以下三种假设下变更公司的总经理。第一，管理者能力假设（ability hypothesis）。总经理能力和努力程度与公司的业绩有着密切的关系，而一个不善经营的总经理会直接导致公司业绩的下滑。第二，替罪羊假设。要想使其他经理不断地努力工作，董事会必须不断解雇那些经营不善的总经理。在这种情况下，那些被解雇的总经理并不是因为能力不够或者工作不努力，而是充当了替罪羊的角色。第三，战略转型假设。当原有总经理的能力不能承担公司战略转型的需要时，为了迎合公司新的经营战略和发展方向，必须选择新的总经理来担此重任。

基于以上分析，提出以下假设：

假设 5 - 3：总经理的变更与公司绩效负相关。

## （四）验证结论

较高公司绩效并不会受董事会开会次数增加的影响，表明董事会的决策活动没有表现出生产性，社会价值并没有因为董事会的各种决策行为而明显增加。所以，董事会会议次数在评估董事会的治理功效和公司治理水平上应该区分不同的情形。

# 六、国有控股企业案例分析

## （一）公司治理结构

A 企业是由人民政府监督和管理的国有企业，隶属于某市人民政府，某市人民政府授权国资部门代表国家履行出资人职责。

1. 法人治理结构

董事会、高级管理层和监事会等相互制约的治理管理机制成了 A 企业内部的法人治理结构。

从 20 世纪末，A 企业在上海证券交易所和香港联合交易所上市以来，严格按照境内外监管要求和上市规则，公司治理结构不断完善，公司运作逐步规范，公司法人治理水平得到了进一步的提升。

2. 董事会

为了明确监察公司各个范畴业务的职权范围，董事会召开会议并进行成员调整，批准成立了审计与财务委员会、战略与投资委员会、提名与薪酬委员会等 3 个专门委员会。

（1）审计与财务委员会。该委员会主要职责有审阅公司年度、半年度及季度财务报表，检讨公司内控体系和制度的健全与有效性，负责公司外部审计师的聘任和工作协调，并检讨其工作效率与工作质量，监察公司财务汇报质量与程序。

（2）战略与投资委员会。该委员会主要职责为审查与检讨公司发展战略，制定公司发展规划，及时调整公司战略管理架构。

（3）提名与薪酬委员会。该委员会主要职责是审核公司高层管理人员与董事的薪酬政策与方案，制定考核体系并实施考核，建议研究公司董事和总裁的选拔标准、选拔程序和选拔人选。

3. 董事会、监事会和经营层职责分工

在董事长的领导下，A 企业董事会从实现股东价值最大化出发，在公司的管理架构、人力资源、财务监控、投资及融资、发展战略等多个层面行使管理决策权，董事会在公司管理、发展战略的职权以及董事会对公司发展和经营的监督与检查职责在 A 公司章程及董事会议事规则中已详细列明。

总裁负责组织开展投资项目、董事会决议和年度预算，并向公司的董事会报告有关工作条件和主要的合同执行情况，在公司董事会授权范围内，总裁行使资金、资产使用权和签订合同的权利。

监事会负责监察董事局的重要决策；董事会对管理层进行战略管理，确保人员执行董事会的决议；同时，监事会还监察经营管理决策，确保人员能充分执行董事会决议，实现公司董事会的要求标准。公司的管理层集经营与管理为一体，并通过建立营销中心、物流中心和制造中心，为公司的品牌研究制造系统与供应链整合，提高公司的盈利能力和降低生产成本。

### （二）基于绩效的 A 企业董事会行为分析

1. 年度内董事会会议召开次数

据 A 企业年度报告披露，2017 年共举行 6 次董事会定期会议（其中包括 5 次现场会议和 1 次现场与通信结合表决方式的会议），以现场方式与通信方式结合的表决方式召开董事会临时会议 1 次，以审议书面议案并签署决议的方式召开董事会临时会议 7 次，会议主要讨论了公司的运营与财务表现投资方案与管理架构等。

2. 年度内董事会成员参加会议的缺席比例

2017 年，A 企业年度会议的主要有以下几部分内容：对年度财务预算进行审议并获得批准、董事会成员做年度内工作的汇报；对年度、半年度及季度的业绩报告进行审议并获得批准；对核心企业关于做出的收购方案和对子公司关于扩建或者新建的资金支出项目进行审议并批准；对公司相关且连续的交易事项进行审议并批准；审议、批准核销财产损失。会议通知资料以及议案相关资料送达各董事处的时间需加以控制，董事会会议的作用是能够在不同人员间进行讨论，做出有效的建议并及时形成谨慎的决策意见。董事会成员出席会议的情况比较好。

《上海证券交易所上市公司董事行为选任与行为指引》在第二十五条中规定，原则上董事应该亲自出席董事会议并对议案决策。董事成员不能够亲自出席会议的，可以授权给其他董事出席，但决策意向与授权事项应该具体明确，不可全权委托。该指引在第二十七条规定，董事成员若一年内未能亲自参加董事会会议的次数比重超过了年度董事会会议次数的三分之一，监事会应该对其履职情况做出审议，决议并公告其是否勤勉尽责。

3. 总经理变更情况

A 企业的总经理自 2011 年 6 月起至今一直未有变更。一般来说，董事会中的外部董事或混合型董事在宣布变更总经理时，能够得到超常的经济收益。与此相反，董事会中内部董事却没有得到预期效果。外部董事会选择辞退一些较差业绩的总经理以维护股东权益，从而提升公司的价值。而混合型的董事也会成为评估和培训总经理的人选。相关统计表明，我国国有控股上市公司在关于总经理的留任与解聘的处理上，大部分国有控股上市公司会做出留任总经理的选择。A 企业的董事会以外部董事为主，如果发生非正常情况需变更总经理，很可能将由董事成员中的外部董事来决定辞退业绩较差的总经理，以维护股东利益、提升公司价值。从这一假设来说，以外部董事为主的 A 企业董事会选择了留任总经理，从某种程度上反映了董事会对该总经理业绩的认可。

4. 国有控股比例

提高企业内部股东的股权比例，可以产生有效的管理激励，降低代理成本，提升企业价值。A 企业国资持股 30.45%，属于国有相对控股，股权比较分散，使董事会有更多的权力与动力激励且监督管理者，提升公司业绩。

5. 独立董事与上市公司工作地点一致性

2017 年 A 企业 4 名独立董事与其工作地点均不一致，该年度内 A 企业召开的 14 次董事会会议中，只有 4 次为现场会议，而以通信方式召开会议次数为 8 次，现场结合通信方式召开会议 2 次。

由此可见，A 企业不仅利用通信方式较好地解决了独立董事和上市公司工作地点不一致的问题，且根据独立董事各自的专业经验与知识，让 4 名独立董事在董事会成立的 3 个专门委员会中分别担任了重要的工作和职务。

A 企业董事会在 2017 年 6 月进行换届选举后，完成了各专门委员会的改选，其中审计委员会与薪酬委员会中均有四名独立董事，并且独立董事分别担任了主任委员，独立董事充分发挥了在委员会中的核心作用。战略委员会中有 3 名独立董事。

### （三）A 企业公司治理的成功经验

公司治理的核心在董事会。A 企业的最大控股股东是某市国资委，在保证国有控股的前提之下，公司大力建设董事会，并取得令人满意的成绩。最近几年来，无论是公司的规模、盈利能力、市场份额、还是净资产收益率、品牌价值都大幅上升，成果喜人。这充分说明公司治理取得了骄人的成绩。董事会作为公司的决策机构，在董事长的领导下，在公司的发展战略、管理架构、投资及融资、财务监控、人力资源等方面行使管理决策权，并致力于实现股东价值最大化。

A企业董事会治理取得成效并非是一个偶然，规范的操作流程和完善的制度对于一个公司常规运营来说是首当其冲的；在认识和理解独立董事制度的意义和实践价值方面要狠下功夫；资本市场中要懂得未雨绸缪，超前思考，准备预案，万不可临阵磨枪；另外，公司一定要对自身所披露的信息负责任并且保证对外信息的公开透明，做一个真正负责任、规范的上市公司；最后一点是，企业资本的良性运转取决于内部风险控制是否有成效有保障。在董事会建设方面，A公司有很多值得借鉴的经验。

1. 规范运作，制度创新

在公司内部运作方面，制衡是保证规范的基础，没有制衡，规范可以说是举步维艰。企业的每一个机构必须有相应的职能，任何一个机构尤其是董事会、监事会绝对不能只是一个摆设而无实事。公司章程必须明确各内部机构具体的职责及其分工，董事会决定干什么，监事会决定什么不能干，经营层决定怎么干，使各机构切实勤勉尽责并保持诚信，议事的规则用来将各职能怎么做加以区分，各机构的决策要以流程加以控制，从而使公司有一个完善、规范的公司治理根基。

A企业也是一家海外上市公司，在保证公司运转原则完全符合国内外监管要求的前提下，A企业在各个方面都率先进行了较为深入的探究。公司最为知名的三大创新莫过于董事会方面的创新，"首席独立董事""董事会中外部董事占多数""独立董事"是国内外众多上市公司所望尘莫及的。随着A企业的不断创新，其法人治理结构也日趋完善和规范，决策机制科学而高效，企业发展迅速稳定，企业绩效更是日趋高涨，核心竞争力根基深厚。

2. 董事会内外沟通快捷方便

第一，公司高管和董事会之间采取交叉任职的方式，公司高管执行董事的职能，这样的交叉使两者之间相互了解，交流更加方便，更好地执行董事会决议。

第二，为了使公司的所有员工尤其是新任董事全方位、多层次地了解公司的运营、财务、人力资源等各方面的情况，公司编写了一份"董事手册"，手册全面讲解了涉及董事应尽的义务和行使的权利、公司的发展目标及当前状况等。公司为独立董事安排了高级管理层成员，随时可预约解答独立董事提出的任何问题。

第三，为了使公司的所有董事（尤其是非执行董事）了解公司未来发展方向、可能存在的竞争对手及竞争对手的发展状况、影响业务发展的环境、监管政策等诸多因素，公司定期整理市场等各方面资料及对公司工作进行总结，并反馈给所有董事。如此，董事可以更加明确当前状况、自己的职责及监管体制，有助于做出正确的决策和有效的监督，保证公司各方面合法有序进行。

第四，为使公司内外部的交流沟通更加标准化，《危机管理制度》《文件管理规定》《重大事项报告制度》等一系列规章制度被制定和实施，信息传递更加快捷，各项新措施、新制度能够更有效地传递和落实。

第五，对于比较专业甚至是特殊的管理领域，为了更方便交流，公司专门设立了交流探究的平台比如专项会议报告、专题会议等，这保障了信息的充分交流及传递。

3. 首席独立董事、独立董事、外部董事

外部董事占多数一方面可以降低一股独大、内部人控制现象，外部董事还可以更公正地看待公司的资源分配以保证中小股东的利益。外部董事利用专业知识与经验，可以保障公司决策的可靠性和科学性，降低战略决策的风险。

A 企业率先在上市公司中引入独立董事制度。控股股东对提案权的支配能力取决于独立董事数量的多少，这是独立董事制度有效的基础。独立董事的人数一直是影响董事会的重要因素，A 企业公司章程规定，至少三分之一的董事是独立董事，在这有助于公开公平公正的"三公"原则，减少内部人控制的可能，有利于独立董事形成规模效应。

首席独立董事制度在 A 企业被率先实施。首席独立董事制度的设计是在保持各独立董事独立性的原则上，让代表各个独立董事的首席独立董事将意见统一反映，以达到独立董事个人影响力和制衡力所达不到的效果。首席独立董事采取的是一票否决制度，投资者关系管理的强化与信息披露由联席董事会秘书完成，首席独立董事制度的实施可以加强董事之间的凝聚力，保证董事的独立性。

4. 注重董事能力的培养

经营层监督的有效实施以及对公司经营发展情况的客观判断，需要以董事会成员能力作为前提要求。作为公司的决策层，董事会更有责任和必要具有与地位相匹配的素质和能力，以此才能适应新环境的变化，制定正确的公司战略，提高决策的科学性及合理性。为了使公司的所有董事（尤其是非执行董事）了解公司业务发展、市场与监管环境等，公司定期整理市场等各方面资料，每周编制一期证券市场发展与监管政策的相关动态信息反馈给所有董事。如此，董事可以更加明确当前状况、自己的职责及监管体制，做出正确的决策和有效的监督。同时，公司还组织董事成员参加相关机构举办的专业培训。

5. 信息做到公开透明

董事会秘书的主要职能是提高公司治理水准、规范和完善公司信息披露。在披露工作中，A 企业历年以来一直坚持"真实、完整、准确"的原则，近年来，为服从境内外监管要求，补充了"三从原则"，即"从严不从宽、从长不从短、从重不从轻"，充分保证了信息披露的质量。董事会秘书会根据中外不同的监管要求对需要披露的信息进行整理，一旦授权则在第一时间汇报给中外监管机构，并根据监管要求披露给国内外指定信息媒体。

### （四）不足与建议

1. 董事会考核机制及目标不明确

A 公司的董事会提名与薪酬委员会主要负责对公司董事及高级管理人员的薪酬政策与方案进行审核，以及对公司人员选拔并提出建议。但从 2017 年董事会提名与薪酬委员会所进行的活动来看，其所涉及的范围还是有一定的局限性，主要表现为影响范围不够，主要工作是对高层员工工资的披露以及对人员选拔进行研究并提出一些建议。

公司新董事会成员由股东大会选举产生，新董事的选举在老董事的任期满后进行。董事会考核机制和目标的不明确，既降低了工作的效率，又松懈了董事们的动力，董事会工作绩效很难得到公正的评价。经营者与董事会本身具有很大的联系，这种联系很大程度上影响了评价的客观性。即使经营者能够保证公正原则，由于董事会工作的专业性较强，对其的评价过程将比较复杂，通常需要比较漫长的一段时间去处理，才能相对公正地反映董事会工作绩效。

鉴于董事会考核的复杂性和重要性，需要对董事会进行全方位的考核和评价，其中，董事会的自我评价体系是国际上一些企业通常采用的方法。自我评价体系应该在 A 企业董事会中实施，其内容至少包含以下三个方面：

（1）董事会的构成；

（2）董事会的运作；

（3）个体董事是否履行其职责。

与此同时，董事会的工作绩效可以通过外部的管理咨询公司来评价考核。董事会工作与管理咨询公司的工作异曲同工，后者相比之下在公司的组织结构设计、人力资源管理以及公司的战略规划、工作绩效的考核评价方面更加专业。管理咨询公司的涉入可以在公司的结构、战略、规划等方面进行更为专业和全面的评价，指出公司的缺点及不足之处，改善公司管理，从而使公司的业绩大幅提高。

2. 完善董事激励机制

公司所明确的经理层薪酬支付方式同样适用于执行董事，执行董事一般行使公司行政管理的职能。建议以企业业绩和董事会的工作绩效来确认董事薪酬的多少。无论是内部董事还是外部董事，无论是否是独立董事，最好不要领取固定的薪酬，因为固定的薪酬激励作用比较小，干好干坏差别不大，与董事所承担的责任不相称。A 企业提名与薪酬委员会可考虑给内部董事制订一个综合的薪酬制度，全面考虑履职董事和经理双重职务的考核状况。董事薪酬由基本薪酬和绩效薪酬两部分组成。

董事报酬长期化在一定程度上能起到积极作用，值得注意的是，报酬并不是对董事会进行有效激励的完全措施，哈佛大学教授洛尔施的观点是：很多非执行董事在自己的专职工作中能获得大量的收入，他们参加董事会并不是为了钱而是为了能够获得新思想，同时能够从公司治理中获得满足。所以建议在使用薪酬激励的同时，应将对董事工作的肯定纳入考虑范围，使董事们认识到自己工作价值的所在，这也是一项有效的措施。

3. 重新制定首席独立董事的生产方式

建立首席独立董事制度，在保证各个独立董事独立性的前提之下，在独立董事中挑选出代表，该董事代表统筹协调独立董事的所有活动，并代表独立董事与公司的内部董事及经营层进行交流，及时且高效地将独立董事对公司发展的意见传递给公司的经营层和内部董事，进一步加强独立董事在公司的决策能力，降低决策的风险性。首席独立董事制度能否被公司接受并有效地实施，很大程度上取决于公司高层是否愿意分权，使独立董事的意见发挥重要作用。

目前 A 企业对于首席独立董事人选的选择，采取的是"轮流坐庄制"。会议主席由独立董事依次轮流担任，轮值主席主持独立董事会议。轮值主席根据独立董事或者其他董事的建议，对召开会议的时间、地点和审议事项有决定权。但是轮值制有泛权力化倾向，同时容易导致短期行为。建议监管机关提供几位具有独立董事丰富履职经验的人士供董事会选择首席独立董事，对于这些具有丰富经验的人士，独立董事候选人由首席独立董事在监管部门建立的独立董事人才库中挑选，最终的决定权归股东大会和董事会。由此组成的董事会中各独立董事群体更容易形成团队凝聚力，有助于集体智慧的发挥。

# 第三节　科技创新型企业的实证分析

## 一、高科技企业公司治理与企业绩效关系的分析

现代企业是一个契约联合体，由于契约存在不完备性，在委托人与代理人之

间产生了代理成本。本节分析了所有权和控制权配置、剩余控制权与剩余索取权配置效率，分别从内部治理和外部治理两个方面研究高科技企业公司治理与企业绩效的关系。企业控制权的合理化配置，将有助于降低公司治理成本，有助于企业价值创造，提高企业绩效。

## （一）高科技企业公司治理的内涵及特征

随着我国现代企业制度改革的深入，企业组织形式发生变化，大量的公司制组织形式尤其是有限责任公司出现，公司制组织形式以其明晰的责权利关系等诸多优势成为现代企业改革的方向。其他组织形式如合伙制、科研院所、创业或创新中心等，在高科技领域中发挥着经济活力和科技研究的推动作用，事实上成为高科技企业的重要组成部分。因此，笔者在讨论高科技企业这一主题时，并没有特别区分高科技企业的具体组织形式，尽管不同组织形式的高科技企业的公司治理是有很大差别的。基于构建和完善我国高科技企业公司治理来探讨我国高科技企业的发展，对于不同组织形式的高科技企业或企业性质的组织逐步走向规范化、科学化又是一种引导作用。所以，笔者没有将研究主题严格限定于某一特定组织形式，为了方便整理数据和检验经验，选取了上市公司这一特殊部分作为范例，这并不影响笔者研究的有效性。

1. 高科技企业内涵的界定

高科技企业是知识密集、技术密集的经济实体，对高科技企业的称谓，国内还有另外两个类似的名词：高新技术企业、高技术企业。目前，实务界和学术界对这三个称谓并没有明确地加以界定和区分。例如在《中共中央国务院关于加强技术创新，发展高科技，实现产业化决定》一文中，就同时出现了高科技、高技术、高新技术三个词。有鉴于此，笔者对这三种称谓也不加区分。国外对高科技企业的认定通常依据以下两个方面：一是对高科技产业概念的界定；二是依据企业产品的产业属性，把处在高科技产业领域的企业称为高科技企业。因此国外对高科技企业的界定，实际上是高科技产业的界定。我国对高科技的界定除当代高科技外还包含一般的新兴技术，即填补国内空白的新兴技术。因此，我国高科技的概念涵盖面要广些，实际应为高新技术。

与传统企业相比较，概括起来高科技企业具有以下特点：

（1）战略性，高科技实际上已成为衡量一个国家综合国力的重要标志之一，高技术对一个国家来讲，不仅是技术问题，还具有深远的战略意义；

（2）知识、技术密集，国家科委颁布的《国家高新技术产业开发区高新技术企业认定条件和办法》在科研技术人员比例上做了明确的规定；

（3）创新性，创新是一切产品和技术的生命力，创新不仅是原有技术的简单改进，而且建立在现代科学技术最新成就的基础上，具有高科技输入的显著创新；

（4）高科技企业具有高增值性、高风险性等特点。

2. 高科技企业公司治理的内涵及特征

基于知识管理的高科技企业公司治理与传统企业的公司治理的比较，高科技企业表现出不同的特质：一是在人力资源方面，知识型员工占主体，人员年轻化、个性化、工作创造性强；二是在技术创新方面，技术创新性强，周期短，公司的成长对技术创新的依赖性强；三是在公司治理方面，围绕企业发展，公司治理的相关利益主体配置和调整，公司结构经常调整等。

从企业管理的角度看，对高科技企业不能完全套用传统的定量化、程序化的管理模式。从目前高科技企业的实践来看，高科技企业生存、发展对技术和产品有较高依赖性，企业的高层管理人员更加关注技术和产品的研发问题，但忽视内部管理问题、完全依靠领袖精神和自律来管理也会导致内部管理混乱，比如员工的工作情况无法了解、项目的进展情况不能及时掌握、部门间的合作效率低下、公司的资产和设备情况运行状况不能掌控、无法预见的费用开支突然增加等。

从公司治理的角度看，高科技企业权力结构与传统企业有所不同。关于代理人权利的讨论，当前存在两种主要的观点：一是资本雇佣劳动的观点；二是利益相关者共同治理的观点。资本雇佣劳动的观点强调物质资本要素所有者的治理权利。奈特的主观风险偏好差异假说、阿尔钦和德姆塞茨的团队可监督性差异理论以及格罗斯曼和哈特的不完全合约理论对此做出很好的解释。利益相关者共同治理观主要强调包括企业内外所有利益相关者的治理权利。杨瑞龙、周业安（2000）用企业剩余索取权与剩余控制权分散对称理论来解释企业利益相关者理论。现代企业中，尤其在高科技企业中，企业共同治理特征更多地表现在人力资本和非人力资本的共同治理上。实际上已经摆脱了传统的资本雇佣劳动的单一治理主体的主张，人力资本与非人力资本一样成为企业治理的主体。人力资本之所以成为企业的治理主体，主要是由于作为主动性资本的人力资本产权的特殊性，以研发为企业主要发展驱动力的高科技企业更是如此。

3. 高科技企业内部治理与企业绩效

按照公司治理制度相关学说，公司内部治理结构体现为企业制度，是指管理企业的当事人或交易主体之间关系的制度安排，其交易关系包括股东与股东之间、股东与债权人之间、股东与代理人之间以及股东与雇员之间的关系，这些交易关系构成企业的产权结构。从一般意义上讲，企业制度安排是规定或调节企业内部不同参与者之间权力关系和利益关系的基本原则或标准的总和。其中，如何变更和安排企业的产权结构是企业制度安排的核心，又是公司内部治理机制核心。

从具体形式来看，公司治理结构一般指股东大会与董事会、监事会、经理层等构成的公司内部控制和监督机制。从委托代理关系来看，股东会与董事会构成信托关系，作为公司的经营者的董事由股东进行激励和约束。就公司内部治理机制而言，笔者认为公司内部的主要委托代理关系及相应的解决方案是公司治理的对象和核心内容，公司内部委托代理关系、所有权和控制权、剩余控制权和剩余索取权等关系的解决将有助于公司内部治理机制的协调和改善，有助于建立内部的和谐关系，构建创新机制。

4. 高科技企业外部治理与企业绩效

公司治理的前提是企业的产权明晰。企业的核心权力是由股权派生而来的，因此，股权关系的明确界定、出资份额的明确划分是建立公司治理机制的基本前提。公司治理外部环境中的其他相关利益者，包括企业员工、债权人、工会、社会组织、国家行政机关等，对内部公司治理结构起到支持和约束作用，构成公司外部治理机制。

根据利益相关者理论，利益相关者与通常的股东不同，该利益集团虽然不直接持有公司的股份，但其利益与公司直接相关，经常依据法律或有关章程在公司治理参与其治理，因此，利益关系者会构成了公司的外部治理。应当指出，利益相关者是一种非正式的制度安排。当公司被不恰当地决策与经营，而内部人治理又无能为力、治理缺乏效率时，外部治理将影响内部人控制，出现更换董事长、总经理、接管公司等情形。从中国公司治理的现状来看，利害关系者的治理机制主要来自政府、债权人和劳动者等。

实践证明，资本市场和风险投资互动的市场化选拔机制，是美国高科技产业创新和发展的源动力。高科技产业具有高投入、高风险和高回报的特点，风险投资家和投资银行家集合社会的资金，通过市场化的运作方式，发现并培育具有发展潜力的中小企业，并将其中的佼佼者推向资本市场。在他们获取丰厚投资收益的同时，也造就出了微软、苹果、甲骨文、思科、雅虎等世界级公司，使得美国在近几十年的科技产业轮换中始终独占鳌头。

在经济活动中，信息披露不仅影响着投资者的价值判断和决策，也影响到债权人等利害关系者。信息披露受多种因素制约，世界各国都致力于建立健全一套完善的信息披露制度。因为只有信息披露制度科学合理，才能从根本上保证经济活动的透明度，使信息使用者做出正确的判断和科学的决策，进而全面维护经济活动中各主体的利益。

无论是封闭型公司还是开放型公司，信息披露制度是否完善直接关系公司治理的成败。在证券市场严格的监管体系下，强有力的信息披露制度是对公司进行监督的保障，是股东具有行使表决权能力的关键。西方发达国家活跃的资本市场实践表明，信息披露也是影响公司行为和保护潜在投资者利益的有力工具，特别是保护中小投资者利益的工具。强有力的信息披露制度有助于吸引社会资金，维持公众对资本市场的信心。股东和潜在投资者需要得到定期的、可靠的、可比的、足够详细的信息，从而使他们能对企业的经营者和管理层是否称职做出正确评价，并对股票的价值评估、持有和表决做出有根据的决策。信息短缺且条理不清会影响市场的运作能力，增加资本成本，并导致资源配置不当。

随着企业规模的扩大，企业从创业阶段进入成熟阶段，公司治理结构也随之转变，企业需要不同的人员来管理。在这个转变的过程中，风险投资家起到重要作用。仅从资金的角度来看，风险投资提供了资本。风险投资的另一个很重要的功能就是组织企业的领导班子。所谓领导班子，指 CEO、财务主管人员、销售主管人员和技术主管人员。风险投资公司在企业转变过程中，最关键的是要选择组建一个有能力带领企业使企业成功的团队。由此可见，风险投资机构的作用除了提供资本之外，更加注重公司治理。

美国风险投资成功经验表明，良好的外部环境制度环境对公司治理和企业绩效产生重要影响。美国政府一方面对风险投资业务基本不干预，任其自由发展；另一方面，政府的有关政策对风险投资的发展给予大力支持，如小企业投资法规、小企业研究计划、知识产权保护政策、对外贸易政策等都有力地支持了风险投资的发展。同时，政府直接参与风险企业的投资，以少量的具有"种子"性质的资金带动大量的私人资本投入风险企业，起到导向作用；或将资金投向私人资本不愿涉足、风险更大的领域，从而为这些领域风险企业的发展起到奠基作用。政府为金融机构的风险投资提供担保，实行税收优惠政策，由此可知，政府的支持和风险基金市场的繁荣有着根本的关联。

5. 银行信贷与企业绩效

金融体系效率的差别，是形成各国经济转型差距的主要因素。在日本和德国以银行为主的金融体系中，银行和高科技产业的结合很不成功。这一方面是由于银行集中管理资金的运作模式无法灵活地对小企业进行市场化选择，另一方面，银行本身谨慎的经营原则使得高风险的高科技产业很难从银行得到贷款。因此，无论是日本还是德国的银行，都很难发现和评估处于发展初期的高科技企业，而更多地投资于技术较为成熟或处于发展后期的企业。同时，由于缺乏高效率的资本市场，两国的科技企业也不能像美国企业一样，获得持续融资、优化治理结构、激励机制、并购等方方面面的支持。英国虽然也发展了以资本市场为主的金融体系，但是其资本市场的容量和活跃程度远远不如美国，因此，其风险投资产业未能得到充分的发育。

### （二）高科技企业绩效评价指标体系

企业绩效评价是运用科学、规范的管理学、财务学和数理统计等方法，对企业一定经营期间的生产经营状况、资本运营效益、经营者业绩等进行定量与定性的考核、分析，并做出客观公正的综合评价。企业绩效评价通常依据业绩报告，财务绩效评价是企业绩效评价的重要组成部分，但是企业绩效评价并不能等于财务报表分析。财务报表分析所得出的财务评价指标反映了企业经营的结果，对于产生这一结果的原因以及由谁来负责、企业未来的盈利能力和竞争水平将如何，并不能由财务评价来回答。由此看来，企业绩效评价是企业管理控制系统的重要组成部分，全面的企业绩效评价系统必须包含财务评价指标体系和非财务评价指标体系。

平衡计分卡是由罗伯特和大卫·诺顿（Robert and David Norton）在 20 世纪 90 年代提出的一种目标制定和绩效评估方法。平衡计分卡同时考虑了财务目标和非财务目标，建立四个方面的绩效评估指标体系来综合考察企业绩效。平衡计分卡并不能计算出公司的价值，其目的并不是评估公司价值，而是评估管理人员是否实现了价值创造的目标。平衡计分卡提供了全面绩效评价体系的框架。本节依据平衡计分卡（BSC）绩效评价体系，对相关指标进行解释，并对企业绩效评价指标体系补充和扩展。平衡计分卡的评价体系包括以下四个方面。

（1）财务评价指标。财务指标体现股东的利益，在平衡计分卡里，其他三个方面指标的改善必须要反映在财务指标上，财务指标是其他三个方面指标的出发点和归宿。

（2）顾客评价指标。体现了企业对外界变化的反应，企业只有不断地满足顾客的需求，企业的产品价值才能实现。

（3）内部流程评价指标。企业是输入各种资源，经过内部转换，创造出有价值的产品或服务的组织过程。内部流程评估指标回答了企业必须擅长什么的问题，企业价值的创造和实现依赖于内部流程的支持。

（4）学习和创新评价指标。是指公司创新、提高和学习的能力，回答企业是否能够继续提高并创造价值的问题。创新的过程具有积累性，不仅取决于当前企业内部的集体学习，而且取决于以往的知识和技术积累。

平衡计分卡四个方面的评价指标实际上是相互联系的因果链，展示了企业绩效和绩效动因之间的关系。平衡计分卡从财务与非财务两个方面揭示了绩效和绩效动因之间的关系，为企业的战略管理实施提供了保证。比如，为了改善财务绩效，公司必须使自己的产品和服务赢得顾客满意；而在时间上、质量上、成本上赢得顾客满意就需要对内部流程进行改进；以上对企业内部流程的改进又要求公司投资于雇员的培训和学习，开发新的信息系统。

从企业层面上来讲，企业绩效评价指标包括四大体系。

（1）财务绩效指标体系。公司绩效财务评价指标可以从三个方面衡量。一是获利能力指标，企业的获利能力指标反映企业经营是否成功的重要项目。笔者主要选取了总资产收益率 ROA、净资产收益率 ROE、普通股每股收益率 EPS、市盈率等指标来衡量。二是资本运营指标，高科技企业的发展需要大量的资本投入，资本营运指标反映企业在自身信用基础上通过不同融资渠道融通资金的能力，考察指标有公司资信等级、公司融资率、经济附加值等。三是资本结构指标，资本结构指标从静态方面反映企业当前资本结构是否合理、是否具有融资风险，为企业的股东、债权人、政府管理部门对企业进行投资或决策提供判断标准。

（2）企业内部流程指标体系。对高科技企业而言，主要考察企业内部资源和要素投入对技术创新的作用指标和产出效率。第一，物资和技术资源投入指标。高科技企业的高技术依赖性决定了企业必须投入大量物质资源和非物质资源，才能保证研究开发正常进行，可以通过设备购买投入比率、技术引进质量、研发投入占销售收入的比重等指标来衡量。第二，人力资本投入比率。人力资本投入主要包括科技人员招募、培训等，由于知识和技术的更新换代，高科技企业要保持技术上的领先优势，就要加大人力资本投入。企业除对员工进行常规的岗位技能培训之外，每期对员工进行新技能的培训应该是人力资本投入的主要部分。第三，产出效率指标。产出效率指标反映了企业整个内部流程运转的最后结果和整个流程的效率，可以通过生产提高率、产量提高率、新产品比重等指标来衡量。

（3）顾客评价指标体系。高科技企业经过资源输入、转换、输出，实现技术和智力成果的商品化、市场化，顾客评价指标反映了这一转换过程是否成功。可通过三个方面来衡量：一是营销能力，可以通过产品的市场占有率、覆盖率、响应速度来反映；二是产品或服务水平，反映指标有产品或服务定制化水平、新产品销售率、服务的快速反应能力、配送的及时性等；三是顾客，主要包括能够带来企业利润的顾客群体的顾客盈利能力、顾客满意度、潜在顾客的开发等。

（4）学习和创新能力指标体系。创新能力指标体系是从总体上衡量企业技术创新和组织管理创新活动的指标。主要衡量指标包括三个：第一，组织能力，现代企业竞争最重要的表现是组织能力的竞争，组织能力指标包括创新战略、创新机制、管理人员素质等；第二，集体学习能力和知识积累量，企业创新来自以往的知识积累和不断的集体学习能力，反映指标有知识产权拥有量、技术成果的数量、技术成果在国内外行业中的领先水平等；第三，员工，这里主要从员工满意度、生产率、流动率来考察，而人力资本的其他特性的衡量在其他指标体系中已经反映，为了避免重复不在此处反映。

尽管没有一个满足公司各种需要的绩效评价体系，但是通过对特定层次评价指标的扩展，能够逐步完善企业绩效的全面评价。就绩效评价方法而言，由于平衡计分卡涉及除财务指标之外的非财务指标评价，增加了评价过程和方法的复杂性，同时在实际操作过程中根据企业战略或各层次部门的需要，可以选取有利于目标导向的关键指标，增加了评估的灵活性，这样可能使得综合评价企业绩效变得更加困难。在当前的各种绩效评估体系理论和方法中，就准确性而言，平衡计分卡不如完全依靠财务指标来衡量的其他评估方法，但是平衡计分卡提供了进行全面衡量企业绩效指的体系，通过对平衡计分卡四大要素指标内容的进一步开发，借助财务管理、数理统计等其他方法原理，可丰富平衡计分卡的评估指标内容和评价的准确性、可操作性。由于我国信用体系尚不完善，直接搜集到的数据要经过严格的检验才能保证信息的准确性和可靠性，加上我国高科技企业这一群体的特殊性，企业财务信息、技术能力指标等企业信息披露受到很多限制，对高科技企业绩效科学全面的评价必须建立在广泛的数据基础上，经过筛选和处理，才能保证评价结论的信度和效度。所以笔者在建立了评价指标体系之后，依据搜集到的数据进行了初步的验证。但考虑理论研究的有效性，在本书中并没有体现完整的实证检验过程，这也是本书的缺憾之处。构建高科技企业绩效评价指标体系是实证研究的有益尝试，有助于以评价指标为导向进行高科技企业的战略规划，完善高科技企业的公司治理，提高企业绩效。

## 二、我国高科技企业公司治理状况分析

### （一）我国高科技企业发展的状况

随着国家科技和产业政策的调整，高科技产业在整个国民经济中地位和作用凸显。近年来已经有一些高科技企业发展壮大，在技术能力和科技产品开发上逐步缩小与国外发达国家高科技公司的差距。企业规模的扩大和技术研发水平的提升以及市场环境的变化，迫使企业在组织和管理上寻求变革和突破。我国传统的

国有企业和集体企业正逐步建立以规范的公司制为组织形式的现代企业制度，对于从传统的国有和集体性质转变而来的高科技企业而言，更加复杂多变的技术市场使企业必须关注长远发展。企业忽视未来发展的短期行为，必将导致企业绩效下降，竞争力降低。实践证明，公司治理对我国企业最终绩效和竞争力起着决定性作用。从战略的高度上看，完善的公司治理机制应当能够通过约束、激励和决策的参与等种种机制的设计，提高企业的长期绩效。同时，公司治理机制对培育创新机制、建立和维持长期竞争优势更加重要。

## （二）我国高科技企业公司治理状况

从我国的企业改革的文献来看，在转型经济条件下，从建立现代企业制度到完善公司治理机制这一过程主要围绕着几个方面进行：产权改革、资本结构和股权结构调整等。许多企业以改制为公司并且上市交易来完成企业变革。但是在我国的企业直接面对的是"国内竞争国际化，国际竞争国内化"环境，企业从创立之日起，就可能面对大型跨国公司带来的竞争压力，我国企业如何提高企业绩效，使企业效益达到更优以应对这种挑战，是摆在我们面前的一个重大课题。

我国公司治理存在的问题，除了所有者缺位、内部人控制、激励与约束机制缺乏外，商业银行作为最大的债权人其利益难以得到保证。因为商业银行既无权持有公司股份，也无权参与公司经营，在公司治理方面几乎无法发挥其应有的利害关系者作用。

现代企业理论把企业看作契约的网络，企业契约的不完备性表明，当不同的人力资本所有者与物质资本所有者作为参与者组成企业时，各方的责权利无法于事前完全明确规定，愿意在事后对未尽事宜重新谈判。因此，企业制度安排的关键问题不仅在于尽可能制定令各方满意的较为完备的契约，还在于利用这种契约的不完备性，使企业行为有利于技术创新。

但是，在知识型的高科技企业中，以上两个假定都是不成立的。第一，由于知识经济时代社会知识存量的急剧变动，在高科技企业中，最重要的不是企业家，而是知识的创新能力。企业首要的问题是要设计一种机制，在这种机制下，有创新能力的人能够被选为创新者。由于创新能力是一种私人信息，知识是一种公共信息，更重要的是，由于知识与创新能力具有正相关性，因此，知识成为检测个人创新能力的标准，知识拥有者便成为企业最重要的人。第二，在高科技企业中，由于人力资本的专用性及资本市场的充分发育，最具有退出企业自由的不是人力资本所有者，而是非人力资本所有者，因此，在高科技企业中，人力资本所有者便成为天然的风险承担者。

综合以上两点，可以认为，在知识经济时代的高科技企业中，脑力劳动雇佣资本体制比资本雇佣劳动体制更具有生命力。这样，在高科技企业中，创新者成为委托人，是企业增量知识的创造者，并决定企业生产什么；经营者管理工人并组织生产；资本所有者成为债权人，获取固定的利息收益；生产者负责生产，获取固定的工资报酬；创新者和经营者共同分享企业剩余。

### （三）我国高科技上市公司的内部人控制的有效性

我国高科技公司在公司制改造中出现公司治理结构失衡，出现了内部人控制状态，外部股东和风险投资机构无法进行有效的监督约束。掌握控制权的内部人不将信息充分进行披露，外部人很难掌握公司的真实信息。我国企业的内部人控制集中表现在以下几个方面：

（1）在引资过程进行信息欺诈，不如实反映经营和技术的弱点和不足；

（2）信息披露不规范，人为包装公司业绩；

（3）过度的在职消费，缺乏必要的成本控制；

（4）企业行为短期化；

（5）夸大其技术的贡献。

内部人控制导致公司管理中信息的不对称，使外部股东和风险投资机构很难得到真实的信息而处于被动的局面。高科技公司为了获得外部股东和风险投资的支持，在双方的合作中往往扬长避短，包装公司的经营管理及营销计划，导致信息的严重不对称，甚至搞信息欺诈，可能使外部股东及风险投资机构陷入投资陷阱中，这反过来限制高科技公司的发展。

## 三、完善我国高科技企业公司治理的建议

影响企业资本结构乃至治理结构因素很多，包括企业所处的行业及其在行业中的地位、企业的经营目标及管理者的偏好、资本市场的状况及利率的走向等，因此，理论上无法对一个企业的最优资本结构确定一个具体的数量比例关系，也没有一个完善公司治理结构的最优标准，问题的关键还在于结合我国的实际探索出适合我国实践的资本结构和公司治理模式。

### （一）加强公司内部治理

我国高科技企业在规范化、制度化过程中，从封闭型的中小企业发展成为开放的公司制组织形式，往往存在一个误区，认为按照《公司法》成立股东大会、

董事会、监事会、职工代表大会等机构就表示已经完善了公司治理机制。公司治理，其假设前提是外部市场机制的有效性，否则，公司治理流于形式。应通过剩余控制权和剩余索取权的配置，达到公司内部治理的根本目标。

按照股东价值理论，股东是公司治理结构中拥有最高权力的利益相关主体，董事会与经理层的所有决策都应该以维护股东的利益为标准和目的，企业中所有的治理机制主体，包括股东、职工以及其他利益相关者，关系股东大会控制权的监控效率。所以，股权结构是公司治理结构中最重要的内容，这也是有很多学者在理解公司治理结构时直接将其看作股权结构的原因。

在公司治理结构这一制度安排中，董事会应是公司控制权的实际掌握者。董事会受股东之信任，托管公司的财产，股东与董事会之间形成"信任托管"关系。这要求董事会必须是由有能力、受多数股东信赖并能真正代表股东利益的人员组成。董事会能做好各项重大决策；通过适当的途径和程序选择经理人员，并采取适当的措施对经理人员进行有效的监督、激励和控制。但是在我国高科技公司中，许多董事的科学技术并不了解，对高科技公司的经营特点和难点也不清楚，他们无法对公司的经营做好决策；不知道如何选择好经理人员，并且无法对经理人员进行有效的监督、激励和控制。经理在董事会授权范围内进行经营决策，管理公司日常的生产经营活动，并受董事会经常的监督和评价。同时，我国高科技公司中经理人员许多是技术出身，他们由于掌握公司的主要技术成为公司的技术股东和管理人员，在经营过程中有明显的技术偏好，并不愿意接受董事会的监督。

### （二）建立合理的股权结构

股权结构是公司制的基础，必须使股权结构大致合理才会既照顾到股东的利益，又有利于公司长远发展。股权过于分散会导致经理人片面追求利润最大化，而短期行为可能引发企业稳定性差、决策成本高等弊端。但若股权过于集中，又容易产生一言堂，中小股东意见得不到重视，不利于企业以后工作的开展。

在我国高科技企业中，其目前所存在的最突出的问题是公司股权结构不合理。在绝大部分企业中，股权相对比较集中，使得无法通过股权主体多元化来对大股东和公司运行实行有效的监督和控制，内部人控制问题严重。同时，由于少数股东掌握绝对控制权，发生大股东侵害小股东利益的事件，小股东的意见无法得到反映。要使股东大会实现有效的作用，其首要问题就是要使公司的股权结构合理化，逐步改变股权过分集中的现状，对股东的行为进行严格的规范。高科技公司应是个人、国家和法人分别适当持股，职工股东推选出若干名职工董事进入公司董事会，代表职工行使权力。可以参考发达国家的法人主导的公司治理模式，通过法人相互持股方式，实现股东主体多元化，积极介入公司的经营管理。

### （三）完善高科技企业外部治理

理论上，即使不存在有效的内部治理机制，外部市场的竞争压力也会迫使企业以效率最大化的方式运作。但外部市场发挥作用的前提是外部市场本身有一个高效运作的机制。现阶段，我国尚未有非常高效的资产市场、产品市场和经理市场，完善公司治理的外部监督机制需要经过较长的时间。控制权市场是重要的外部治理机制，概括来讲，完善我国上市公司外部治理有如下几点建议。

（1）促进股权多元化，提高治理结构的有效性。其主要手段包括：降低股权集中度，构造稳定的大股东，形成必要的法人相互持股；使银行和其他金融机构在一定的条件下成为公司股东，保障银行和金融机构等债权人的权益。

（2）增强利害相关者在公司治理结构中的作用。主要手段有：增加董事会和监事会中职工代表的比例；增加董事会中独立董事的数量，通过独立董事代表广大利害相关者的利益；董事长与总经理分开设置；实施经营者股票期权计划等。

（3）完善对上市公司治理信息披露制度。有主要手段有：完善证券市场信息披露规范，制定公司治理信息披露原则，对会计中介机构进行必要的规范。

### （四）建立基于组织控制的公司治理模式

我国高科技企业中有一些企业是依靠自主创业成长起来的，企业内部制度、民主管理、科学决策很难实现，形成家长式管理。高科技企业的成长和壮大过程需要来自物质资本、技术、人力资本、市场等要素的合力，高科技企业在强调企业家精神的同时，更加强调团队合作。当前，在法律、制度环境、资本市场等条件尚未完善的条件下，我国高科技企业应该建立起基于组织控制的公司治理模式。从现代企业发展的趋势来看，建立法人股东主导的组织控制型治理模式是比较有现实意义的，这样既产权明晰，又能够凝聚企业资源。

法人股东主要有两大类，一类是公司法人股东，另一类是机构法人股东。在发达市场经济国家，法人股东已经取代个人股东成为上市公司股票的主要持有者。日本和德国公司的法人持股者主要是银行和其他企业，英美公司则主要是非银行金融机构。随着法人股东持股比例提高，法人股东积极参与公司治理，公司治理结构便趋于法人股东主导型。

构建法人股东主导的组织控制型治理模式对于高科技公司来说是可行的和必

要的，其依据在于以下五个方面。第一，在高科技公司建立多元化的股权结构，将需要大量引入外部股东，包括外部法人股东和个人股东，形成股权多元化的高科技公司，法人股东起的作用必将上升。第二，为了解决高科技公司中国有股份的所有者缺位问题，国有股权将以机构法人形式向高科技公司投资，国有股权代表机构成为公司的法人股东。第三，对于我国而言，个人股东由于财力所限难以成为大股东，绝大多数只是小股东。小股东对企业实施监督的成本高，因而缺乏监督激励。而法人股东财力充足，容易成为大股东，有足够的监督激励。并且法人股东尤其是公司法人股东持股稳定性比个人股东要强得多，有助于解决公司经营行为的短期化。第四，法人相互持股、参股或控股，以产权为纽带形成企业集团；企业集团不仅形成企业间的相互约束机制，而且可以降低信息费用和风险成本；这两者都可改进企业治理。第五，随着我国金融市场的发展，机构法人股东将在公司治理结构中扮演着越来越重要的角色。机构法人一般都资金雄厚，偏重于理性的投资决策，并且倾向于中长期投资。在持股额增长、持股比例较高的情况下，机构法人会更倾向于"用手投票"参与公司治理而不是"用脚投票"，因为后者易引起股票价格下降，使自身遭受更大的损失。

## 第四节　董事会领导力对企业绩效影响实证分析

### 一、理论基础

#### （一）公司治理

伯尔勒和明思（Berle and Means，1932）发现公司治理的目的是解决高级管理层和所有者之间的关系，其核心是使两者的利益基本相同。梅克林和詹森（Meckling and Jensen，1976）认为公司治理是一种社会契约，旨在解决委托代理问题。它可以平衡委托人和代理人的代理成本，保持二者利益的一致性，有利于公司的长远发展。20 世纪 90 年代初，公司治理问题围绕着"谁是企业的所有者和管理者"展开，这也是现代公司治理问题的发端。以日本和美国公司为代表，它们在公司治理机制和股东关系上存在很大差异。美国的治理机制往往使公司陷入短期行为，而日本则更关注公司的长期发展。施莱弗和维什尼（Shleifer and Vishny，1997）研究表明，公司治理的目的是确保投资者的利益，并为他们获得投资回报。菲利普、科克伦、史蒂文（Phillip，Cochran and Steven，1998）认为公司治理问题包括控股股东、管理层、董事会、股东大会、监事会和其他利益相关者之间互动产生的具体问题。提罗和巴登（Tirole and Baden，2001）将公司治理定义为有利于公司发展的各种制度，用以解决管理者和所有者之间利益不一致的问题。李维安和唐跃军（2006）认为，公司治理不是一个单一的问题，而包括多个层面和视角，其目的是处理好各利益相关者之间的利益关系，从而保证企业决策的合理化，最终有利于企业的发展。

笔者认为，公司治理的本质在于利益相关者之间的权利、责任和利益。公司治理的核心是通过一套明确的现代企业制度，妥善处理各主体的利益和责任，最终实现主体之间的平衡与协调。

### （二）公司治理领导力

领导力可以被描述为一系列行为的组合，这些行为将激励人们跟随他们的目标，而不仅仅是服从。领导力是一个社会影响力的过程，在这个过程中，一个人在完成一项共同任务时可以寻求他人的帮助和支持（Covey，2011）。与个人领导不同，本书中的公司治理领导力是指利益相关者在公司治理过程中对公司的领导及影响。上市公司的公司治理领导力有助于增加利益相关者对公司经营管理的影响。良好的公司治理领导力有助于公司获得企业发展所需的资源，平衡股东和其他利益相关者的利益，并对公司绩效的改善产生积极影响。

公司治理领导力对公司绩效的作用主要由五个因素决定：领导机制、领导构成、领导独立性、所有者领导和外部领导。

1. 领导机制

公司治理的领导机制包括领导战略、领导结构、决策制度和管理权与责任。领导战略是指公司治理的规划和布局，是公司治理机制的指导原则。

根据阿拉斯和克劳瑟（Aras and Crowther，2013）的说法，董事会并不管理公司，而是为管理公司的人提供指导，董事会的责任是明确企业的愿景、使命和战略方向，以便股东和其他利益相关者能够分享和支持。米什拉和莫汉蒂（Mishra and Mohanty，2014）认为，公司治理结构之一是董事会委员会（即薪酬、风险管理、审计、治理和提名委员会），监督委员会的存在与监督有效性的相关因素正相关。多莉·丹科（Dori Danko，2016）认为，公司治理结构是企业的内部组织系统，股东提供资金。为了维护股东利益，更好地开展经营管理，企业设立了董事会，并选举管理层对公司日常经营活动进行管理。为了约束董事会和经理层，成立了监事会，最终形成了多党合作治理。毛安民（2017）认为，公司治理的领导结构分为四个方面：股东、管理层、监事会和董事会，他的分工基于组织结构的特点，公司治理的目的是从企业内部改善公司的运营。

为了评估公司治理领导机制对公司绩效的影响，本书提出了以下假设：

假设 5 - 4：领导机制对上市公司绩效没有显著的正向影响。

2. 领导力构成

领导力的构成主要是指董事会、监事会、高级管理层等成员的合理数量和结构。格雷索克和皮珀（Gresock and Peeper，2011）表示，正确的董事会组成是为了确保利益相关者职能的适当比例。赞德斯特拉（Zandstra，2012）进一步指出，董事会成员帮助部门从环境中获取信息、特定技能和其他资源，从而减少不确定性。赛迪和安沙马里（Saidi and Shammari，2015）表示，董事的职责正在扩大，他们必须监控的问题的数量和复杂性正在增加，因此在当今竞争激烈的商业环境中，董事会由具备相关技能的合适人员组成至关重要。根据贝基里斯（Bekiris，2013）的说法，董事会的组成将包括有能力制定组织战略计划以实现公司愿景、使命和核心价值观的行业专家和领导者、资源总监（对公司投资和增长感兴趣的财务专家）以及治理和绩效董事（确保公司条例的可行性和合规性）。肖辉（2015）指出，由于任何组织都无法控制其所需的所有资源，董事会通过促进组织与其环境之间的沟通，在减少组织不确定性方面发挥着重要作用。

王燕书（2009）认为，监事会规模与内部控制有效性正相关。钟玉宇（2009）选择监事会的频率和委员会的数量作为监事会层面的变量。结果表明，这两个变量与公司业绩和财务报告可靠性之间不存在显著的线性关系。宋宝燕（2013）和王云龙（2016）的实证研究发现，监事会成员越多，内部控制越有效。栾和涛（2014）还通过实证研究得出结论，监事会规模与内部控制有效性显著正相关，但专门委员会的数量和监事会的持股比例与内部控制的有效性没有显著相关性。谭丽燕（2019）发现，监事会的扩大会导致内部控制质量的下降。

为了评估公司治理领导力构成对公司绩效的影响，本书提出了以下假设：

假设 5 - 5：领导力构成对上市公司绩效没有显著的正向影响。

3. 领导独立性

领导独立性主要是指公司治理部门之间的独立运作和相互监督，治理部门的工作人员按照上市公司管理规定积极、独立地履行职责。实证研究表明，有效监控的程度与董事会的独立程度直接相关（晓晖，2015）。外部董事有足够的激励来监督管理者，因为他们自己的声誉有赖于此，同时也提高了他们的人力资本。根据穆达什鲁、巴卡雷和以实玛利（Mudashiru，Bakare and Ishmael，2014）的观点，董事长的主要责任是确保董事会的有效运作，并尽可能远离公司的日常运营，因为这是首席执行官和管理团队的主要责任。根据奥皮约（Opiyo，2013）

的研究报告，独立董事会比主要由内部人和关联方组成的董事会更有可能保护股东利益不受管理机会主义的影响。

事实上，独立董事比内部董事更积极地参与监督和管理，因为他们的外部利益（如声誉）远比他们从公司获得的利益重要（Fama and Jensen，2015；Srinivasan，2015）。一些研究表明，信息不对称和对诉讼的恐惧降低了独立董事控制机会主义管理行为的能力。由管理层和董事会任命的独立董事通常鼓励冲突，使董事会独立性的影响较弱或不存在（Larcker，Richardson and Tunna，2014）。栾和涛（2014）发现，独立董事的比例与内部控制的有效性显著正相关。王云龙（2016）通过实证分析得出结论，独立董事比例与内部控制有效性之间存在显著正相关关系。谭丽燕（2019）表示，独立董事比例的增加将提高内部控制的质量。

CEO 二元性意味着董事会主席拥有 CEO 的帽子，非二元性意味着不同的人持有这些头衔。同一个人对董事会和经理的控制过多可能会导致不同的问题，如董事会和管理层的努力程度低、冲突程度低，以及知识和技能的使用水平低（Wang Y and Oliver，2011）。管理者的独立性越强，越有助于公司发现内部控制的缺陷并采取相应的补救措施。王云龙（2016）通过实证分析得出结论，董事长兼任总经理与内部控制有效性之间存在显著的负相关关系。苏玉洁（2017）的结论是，两种工作整合与内部控制有效性之间不存在显著的负相关关系。米雪等（2018）发现，两个职位组合的领导结构会在一定程度上积极提升公司经理的薪酬水平，但并不显著，也有利于公司整体绩效水平的提高。

为了评估公司治理领导独立性对公司绩效的影响，本书提出了以下假设：

假设 5-6：领导独立性对上市公司绩效没有显著的正向影响。

4. 所有者领导

所有者领导是指上市公司股东通过董事会或自身声誉对公司未来发展的影响。从长远来看，上市公司的目标是创造公司的内在价值。上市公司所有者作为经营成功的主要受益人和经营失败造成的损失的主要承担者，有权决定董事会的任免。作为上市公司的所有者，尤其是大股东，股东可以为上市公司提供发展所需的资源。因此，探索构建什么样的股权结构更有利于充分发挥上市公司所有者的主导作用从而提高公司绩效，具有重要意义。

施莱弗与毗瑟尼（Shleifer and Vishny，1997）指出，如果适当提高大股东的持股比例，大股东的利益将与企业的整体利益紧密相连，企业管理者将更加重视内部控制，这将有助于提高内部控制的质量。拉波特（Laporte，1999）认为，大股东和小股东之间存在严重利益冲突的重要原因是所有权的高度集中和大股东强大的控制权使其更具活力，有更多条件侵犯中小股东的利益，这最终阻碍了公司内部控制制度作用的发挥。汤姆森和佩德森（Thomsen and Pedersen，2000）收集了 435 家公司的样本数据，其中以股权集中度为自变量，公司绩效为因变量。桑塔努（Santanu，2012）使用股权结构作为解释变量、内部控制缺陷作为解释变量，对美国 605 家公司进行了多元线性回归建模分析，结果表明，当存在内部控制缺陷时，可以通过改变股权结构来弥补内部控制缺陷。程晓玲、王怀明（2008）研究了股权集中度和年终股东大会出席率对内部控制有效性的影响，结果表明，前者与内部控制有效性之间不存在线性关系，而后者与内部控制有效性显著正相关。钟玉宇（2009）选择股权集中度、股东大会出席比例和实际控制人性质作为股权结构层面的解释变量，结果表明，被解释变量的股东出席率、股权集中度与内部控制有效性显著正相关，而实质性控制人的性质对被解释变量没有显著影响。吴亦兵、廖亦刚和林波（2009）的研究表明，内部控制的有效性受股权集中度的影响，股权集中度越高，越不利于内部控制有效性的实现。张泽新和赵玉恒（2010）的研究结果与以往学者的研究结果不同。他们认为，股权高度集中可以促进内部控制水平的提高，大股东可以有效制衡其他控股股东。栾和涛（2014）对创业板上市公司进行了实证研究，得出股权集中度、股权制衡与企业内部控制有效性显著正相关的结论。孟庆坤（2015）也得出结论，股权集中度对内部控制的有效性有积极影响。陈玉梅（2018）研究了股权平衡、股权集中度与企业内部控制有效性之间的关系。结果表明，股权制衡与内部控制有效性负相关，大股东持股比例与内部控制有效性呈倒 U 形关系，且这种关系受到股权集中度的抑制。

一些学者研究了国有股权与公司绩效之间的关系，但结论并不一致。季建跃等（2016）发现，国有股比例与公司财务业绩之间存在显著的 U 形关系。孟昌等（2017）发现，在这些商业银行的股权多元化中，国有股比例越高，公司绩效水平越低。此外，一些学者还研究了高管持股与公司绩效之间的关系。科内特等（Cornett et al.，2007）提出，高管持股对财务绩效的影响不是很显著。胡旭伟等（2013）认为，高管持股比例和结构与公司绩效正相关。朱梅（2013）从不同的产权基础角度提出，高管持股的增加对公司绩效有积极影响。黄长娇（2016）认为，无论是私营企业还是非私营企业，高管持股与公司绩效都存在正相关关系。

为了评估所有者领导对公司绩效的影响，本书提出了以下假设：

假设 5-7：所有者领导对上市公司绩效没有显著的正向影响。

5. 外部领导

我国《公司法》明确规定，股东会、监事会、董事会和管理层是公司内部治理结构的四个组成部分，客户和供应商等外部领导层是公司的外部治理结构。外部领导是企业外部治理的内容之一。主要利益相关者包括消费者、供应商、政府、媒体、债权人等。其中，影响公司治理的主要利益相关者是政府、媒体和债权人。此外，在企业发展过程中，我们应该关注社会公众群体和企业社会责任。不同的利益相关者对公司治理有不同的影响。

对于政治关联能否在公司治理中发挥良好作用，学者们有不同的看法。一些学者认为，公司高管的政府背景可以帮助公司获得资源便利，从而帮助公司提高经营业绩或股票价值。一些学者认为，政府干预给企业带来了负面影响。第一，由于政治关联企业独特的身份特征，他们往往面临更多的歧视。第二，在技术创新方面，政治关联在一定程度上削弱了企业的市场竞争。第三，从信息的角度来看，政府控制抑制了公司自愿性披露内部控制鉴证报告的信息披露，而政治关联加剧了政府控制。

媒体作为市场中重要的外部角色，可以在公司治理的监督中发挥很好的作用。大多数学者对媒体监督在公司治理中的作用持乐观态度。他们认为媒体监督有利于公司治理。李培刚等（2010）通过研究证实，媒体曝光可以促进公司纠正违法行为，改善公司治理，保护投资者利益。戴益益等（2011）在研究媒体报道对我国上市公司财务重述行为的影响时得出了相同的结论，认为媒体监督是我国有效的外部治理机制，对提高公司治理效率具有积极作用。梁宏宇等（2015）进行了一项抑制管理层以降低代理成本的研究。研究结果表明，一方面，合理的公司治理机制可以很好地促进媒体监督的作用，另一方面，媒体监督机制可以激活公司治理，使治理更加有效。周开国（2016）发现，媒体监督可以大大降低企业违规的频率。

目前，学者们普遍认识到债务治理的有效性。自詹森（Jensen，1986）提出"债务治理假说"以来，许多学者在理论和实践上都证实了债务治理的有效性。通过向公司提供资金，债权人可以缓解投资不足的问题；债权人通过在债务合同中增加限制性条款，可以限制管理者的资金使用范围，从而抑制管理者的过度投资行为，降低代理成本；然而，过度的金融支持和债务"软约束"的存在，也会导致企业投资的道德低效。

奥里斯·克拉克（Aurice Clark，1916）首先提出了企业社会责任的概念，指出社会责任主要是企业应承担的责任。肖康姆（Sheldcm，1924）指出，企业为社区提供服务是必要的，它们应该充分满足社区的利益；同时，当履行自己的社会责任时，企业也应充分考虑道德因素。谭晓芬（2018）指出，中国企业界债权治理结构的优化首先要解决金融机构的国有偏好和政策不确定性。王玉泽等（2019）研究了债务融资结构与企业创新产出之间的关系，发现长期杠杆对企业创新产出的提高有积极影响，而短期商业银行信用贷款的风险偏好较低，这与创新型公司的资本回报周期不匹配。陈晨等（2019）表示，公司应提高债务管理能力，特别是根据自身投资效率调整债务结构，以避免债权人和公司融资期限错配的风险。陆春雨和于俊秋（2020）认为，企业对股东、债权人和消费者的社会责任与企业绩效显著正相关，对供应商、政府和社会的社会责任与企业绩效显著负相关。

为了评估所有者领导对公司绩效的影响，本书提出了以下假设：

假设 5 - 8：外部领导对上市公司绩效没有显著的正面影响。

6. 公司业绩

企业绩效评价是指运用一定的方法，采用特定的指标体系，对公司经营效率和经营者在一定经营期间的绩效进行客观、公正、准确的综合评价，与统一的评估标准进行比较，并按照一定的程序进行。

米什拉和莫汉蒂（Mishra and Mohanty，2014）认为，公司绩效是评估组织、行为和环境的最重要标准，公司绩效包括企业在以下特定领域的业绩：财务绩效（利润、资产回报、投资回报等）、市场表现（销售额、市场份额等）、股东回报（股东总回报、经济附加值等）和客户满意度（客户保留率、忠诚度、产品和服务属性、形象和声誉等）。达塔和范（Dutta and Fan，2014）认为，公司绩效衡量的性质可能是公司独有的，这取决于现金流、会计数字和股票价格等内部政策，这些政策会为管理者产生不同的激励。他们得出结论，衡量业绩需要权衡公司业绩与关键利益相关者的相关性。张洪波等（2014）从盈利能力、成长能力、经营能力、偿债能力和企业规模五个方面选取指标，建立了公司经营业绩评价指标体系，并运用灰色关联分析模型对我国上市公司的经营业绩进行了评价和分析。陈素琴等（2017）从偿债能力、盈利能力、经营能力和成长能力四个方面构建了企业财务绩效评价指标体系，并运用因子分析法对家电企业财务绩效进行了综合评价。秦杰、周博文（2017）以平衡计分卡为框架，将价值创造、增值和平衡分析相结合，构建了一套基于财务、客户、流程、学习和成长的生态文明企业绩效衡量体系。其他许多学者对企业绩效进行了深入研究。

基于以上分析，本书选取综合绩效评价指标对上市公司的绩效进行综合评价。在评价企业绩效时，综合考虑多个利益，选择利润、市场份额、股权收益、顾客满意和员工满意度作为评价指标。

## 二、概念框架

马歇尔和罗斯曼（Marshall and Rossman，2010）提出的概念框架是研究人员用来指导研究的工具，这是一套用于构建研究的理念。伯恩斯等（Burns et al.，2012）将概念框架定义为一组关于特定现象如何工作或与之部分相关的相互关联的想法（理论）。

我国上市公司治理研究中的大多数都是基于公司披露的数据来研究董事会、股权结构的一些特征变量与公司财务绩效之间的关系，建立一定的指标体系来确定公司治理水平，分析公司绩效之间的关系，建立合适的公司治理结构。然而，对于深层次的实际公司治理领导层是否真的在企业内部具有广泛的影响力，是否真的影响了企业的决策，以及对企业管理的监控，没有直接的调查。

笔者借鉴理查德·艾萨克（Richard Isaac，2017）提出的概念框架，结合中国上市公司治理的具体情况，提出了本书的概念框架，如图5-2所示。

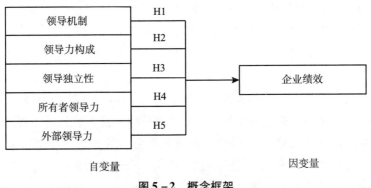

图5-2　概念框架

该概念框架假设公司治理通过五个方面影响公司绩效：领导机制、领导结构、领导独立性、所有者领导和外部领导。该框架以领导机制、领导构成、领导独立性、所有者领导和外部领导为自变量，以企业绩效为因变量。变量的定义如表5-2和表5-3所示。

表 5 - 2　　　　　　　　　　　　　　　　自变量

| 自变量 | 关键因素 | 释义 |
|---|---|---|
| 领导机制 | 领导战略 | 公司治理中重大、全面或决定性决策和就业问题的规划和策略 |
| | 领导结构 | 公司治理的领导结构，如股东、监事会、董事会等 |
| | 决策系统 | 收集各委员会和公司治理的决策程序和方法 |
| | 管理权威 | 最高领导以合法、高效和有效的方式对公司事务进行严格控制 |
| | 问责制 | 最高领导层是透明和负责任的，并对指导所有活动负有最终责任 |
| 领导力构成 | 董事会 | 董事会由专家组成，如法律事务、财务事务、政府事务和运营事务方面的专家 |
| | 监事会 | 监事会依照《公司法》的规定设立，由利益代表和相应职务的专家组成 |
| | 使命、愿景和价值观 | 它是指公司所有成员接受和认可使命和愿景的程度 |
| | 外部资源 | 董事会成员从外部环境获取信息、特定技能和其他资源的能力 |
| | 规章制度 | 与公司治理相关的规章制度的完整性和有效性 |
| 领导力独立性 | 独立董事 | 独立董事是真正独立的，有足够的动机和权力履行职责 |
| | 独立运作 | 有书面的公司治理规则，规定了股东的权利以及董事会和监事会的职责 |
| | 有效监测 | 独立监督委员会确保公司的运营符合现行法律法规 |
| | CEO 二元性 | 指首席执行官是否兼任董事会主席 |
| | 结构化服务计划 | 领导层有一个结构化的服务计划，确保管理层的独立性和遵守最高的道德标准 |
| 所有者领导力 | 大股东 | 大股东积极关注公司治理，积极改善长期业绩 |
| | 国有股占比 | 国有股东（＞5%）参与公司治理，有助于提高公司绩效 |
| | 股东大会 | 股东积极参与股东大会，重视对董事会和管理层的监督 |
| | 权益余额 | 第一大股东持股比例、第二大股东持股比例与前十大股东持股比例之和的比例，合理且形成有效平衡 |
| | 高管持股 | 公司高级管理层持有公司股份，并将更加努力地工作 |
| 外部领导 | 政府监督 | 证监会、税务部门和地方政府部门依法对公司经营活动的监督管理 |
| | 媒体监督 | 媒体和公众对公司的监督，以及公司对媒体和公众的重视程度 |
| | 债权人监督 | 债权人根据法律和贷款协议对公司的经营进行监督 |
| | 企业声誉 | 企业声誉是公众认知的心理转化过程，是企业行为获得社会认可、获得资源、机会和支持，进而完成价值创造的能力总和 |
| | 企业社会责任 | 企业在经营活动中为自身利益所应承担的责任，包括消费者、社区和环保人士 |

表5－3 因变量

| 因变量 | 关键因素 | 释义 |
|---|---|---|
| 公司业绩 | 利润率 | 利润与成本之比，是反映企业在一定时期内利润水平的相对指标 |
| | 市场占有率 | 一个公司的某一产品在同类产品市场上的销售量所占的比例 |
| | 股东回报 | 反映了股票投资者的回报，以股东权益回报率（ROE＝净利润/权益）衡量 |
| | 顾客满意度 | 通常通过随机抽样调查获得，根据顾客对具体满意度指标的评分数据，采用加权平均法得到相应的结果 |
| | 员工满意度 | 通过比较员工的感知效果和预期价值而形成的感觉状态，在问卷调查中通常用于统计分析 |

## 三、研究方法

### （一）人口和样本

本节的研究对象是福建省 137 家上市公司（2019 年）的管理人员。根据中国上市公司的行业分类（15 类），从 137 家上市公司中随机选取 15 家公司。样本公司共有8348 名员工。然后根据统计简单随机抽样公式 $n = P(1 - P)/(e2/Z2) + P(1 - P)/n$ 确定样本量为 367 名受访者。然后，根据样本总数占每个样本公司管理人员总数的比例，确定每个样本公司的样本量，最后在每个样本公司中随机选取受访者。

### （二）先导试验

在本节中，我们使用李克特的五级量表在概念框架内设计了自变量和因变量的问卷。调查对象根据上市公司的实际情况填写问卷，收回后，我们对数据进行整理和统计分析。

1. 研究仪器的可靠性

本节对 15 家公司进行了抽样调查。首先，该工具在中国福建的三家上市公司进行了预测试。共有 36 名受访者（约占 367 名受访者的 10%）未被纳入最终样本，包括 19 名男性（52.8%）和 17 名女性（47.2%）；7 名高级管理人员（19.4%）、8 名中层管理人员（22.2%）、7 名监事（19.4%）和 14 名行政人员（38.9%）。采用克朗巴赫 α 系数检验多指标的可靠性和研究变量的内部一致性。我们发现，最终修改的测量方法非常可靠，因为它们的系数大于最小可接受的克

朗巴赫 α 系数 0.70（表 5 – 4）。

表 5 – 4 可靠性试验结果（初步试验）

| 变量名 | 变量类型 | 信度系数 | 数量 |
| --- | --- | --- | --- |
| 领导机制 | 独立的 | 0.835 | 5 |
| 领导力构成 | 独立的 | 0.856 | 5 |
| 领导独立性 | 独立的 | 0.924 | 5 |
| 所有者领导层 | 独立的 | 0.902 | 5 |
| 外部领导 | 独立的 | 0.887 | 5 |
| 公司业绩 | 依靠的 | 0.931 | 5 |

2. 研究工具的有效性

主成分分析（PCA）和因子分析用于验证收集的数据。在实地调查之前对试点研究收集的数据进行因子分析，需要评估因素分析的适当性。试验研究中收集的数据使用 PCA 进行分析，所有成分的值均大于 0.7，因此未删除任何成分。

（三）统计处理

1. 数据分析和呈现

（1）答复率。科塔里（Kothari，2011）认为 60% ~ 70% 的回复被认为是足够的，而超过 70% 的回复被认为是优秀的回复率。本节共向 15 家样本公司发放了 367 份问卷，并从研究中收集了 293 份问卷。对回收的问卷进行整理，剔除异常值或不完整问卷后，剩余有效问卷 281 份，有效回复率为 76.57%。因此，可以认为本研究的应答率高，可以为分析提供足够的信息。

（2）基本信息的描述性分析。大多数受访者（60.9%）为男性，其余（39.1%）为女性。调查对象以一般行政人员为主，占 45.6%，基层管理人员占 29.9%，中层管理人员占 17.4%，高级管理人员占 7.1%。只有 27.4% 的受访者在该公司工作不到 5 年，64.8% 的受访者在该公司工作了 5 ~ 9 年，7.8% 的受访者在该公司工作了 10 年以上。

（3）自变量的描述性分析。自变量调查结果的频率和百分比分布显示，共有 68.82% 的受访者同意（同意：52.1%，强烈同意：16.72%）公司治理领导机制对上市公司绩效有贡献。69.68%（51.04% 和 18.64%）的受访者认为，领导力构成对福建上市公司的业绩有贡献。75.64% 的受访者（55.86% 和 19.78%）肯定了领导独立性对公司治理的贡献，认为这对上市公司的绩效有积极影响。74.5%的受访者（51.64%和22.86%）肯定了所有者领导对公司治理的贡献。68.82%的受访者（52.1%和16.72%）认为外部领导层对福建上市公司的公司治理绩效有贡献。

（4）多重共线性分析。如表5-5所示，领导机制、组成、独立性、所有权和所有权集中度等自变量具有较高的容忍度。研究变量的VIF值在1.060到1.187之间，这表明五个自变量回归方程的β值是稳定的，标准误差很小。研究数据中的变量之间不存在多重共线性。

表5-5　　　　　　　　　　　　　多重共线性分析结果

| 模型 | | 共线统计 | |
|---|---|---|---|
| | | 容忍 | VIF |
| 1 | 领导力机制 | 0.918 | 1.090 |
| | 领导力构成 | 0.943 | 1.060 |
| | 领导独立性 | 0.877 | 1.141 |
| | 所有者领导力 | 0.895 | 1.117 |
| | 外部领导力 | 0.843 | 1.187 |

注：因变量为公司绩效。

（5）主成分与因子分析。采用主成分和因子分析法对自变量和变量的构成进行分析。结果与中试一致，只有一个主成分因子，所有成分的值都大于0.7，因此没有删除任何成分。

（6）正态性检验。直方图和Q-Q图的结果表明，观测值与法线之间的偏差很小，具有很高的正态性。这意味着我们可以推断因变量的正态假设并拟合多元回归模型。

（7）推理分析。在本研究中，根据调查数据使用推断统计进行推断，并使用相关和回归分析确定研究中使用的因变量和自变量之间的关系。

2. 假设检验

本研究在5%显著性水平上进行假设检验，并使用SPSS软件检验回归模型的拟合程度。在95%置信水平下，通过F检验检验整个模型的显著性。本研究测试了如下每种假设形式的独立线性回归模型 $Y = \alpha + \beta_i X_i + \mu$：

假设 5 - 4：$Y = \alpha + \beta_1 X_1 + \mu$

假设 5 - 5：$Y = \alpha + \beta_2 X_2 + \mu$

假设 5 - 6：$Y = \alpha + \beta_3 X_3 + \mu$

假设 5 - 7：$Y = \alpha + \beta_4 X_4 + \mu$

假设 5 - 8：$Y = \alpha + \beta_5 X_5 + \mu$

多元回归分析是一种统计分析方法，其中一个变量被视为因变量，另一个或多个变量被视为自变量。多元线性回归模型如下：

$$Y = \alpha + \beta_1 X_1 + \beta_2 X_2 + \beta_3 X_3 + \beta_4 X_4 + \beta_5 X_5 + \mu$$

$Y$ = 公司绩效（因变量）

$\alpha$ = 常数

$\beta_1 \cdots \beta_5$ = 自变量系数

$X_1 \cdots X_5$ = 各种自变量的值

$X_1$ = 领导机制

$X_2$ = 领导力构成

$X_3$ = 领导独立性

$X_4$ = 所有者领导层

$X_5$ = 外部领导力

$\mu$ = 误差项，该项假定为正态分布，平均值为零，方差为常数。

## 四、研究结论

### （一）领导机制与公司绩效的回归分析

领导机制与公司绩效的回归分析和相关系数分析结果见表 5 - 6 和表 5 - 7。

表 5 - 6　　　　　　　　　　　　领导机制方差分析

| 模型 | 平方和 | 自由度 | 均方 | F 分布值 | 显著性 |
|---|---|---|---|---|---|
| Regression | 386. 609 | 1 | 386. 609 | 33. 694 | 0. 000[b] |
| Residual | 3201. 261 | 279 | 11. 474 | — | — |
| Total | 3587. 870 | 280 | — | — | — |

注：因变量为企业绩效，预测变量为常数与领导机制。

表5-7 领导机制相关系数

| 模型 | 非标准化系数 | | 标准化系数 | T分布值 | 显著性 |
|------|------|------|------|------|------|
| | B值 | 标准差 | 贝塔分布 | | |
| （常数） | 9.392 | 1.044 | — | 9.000 | 0.000 |
| 领导机制 | 0.376 | 0.065 | 0.328 | 5.805 | 0.000 |

注：因变量为企业绩效。

表5-6显示，领导机制具有统计学意义，因为其P值小于0.05（$p = 0.000$）。根据表5-7，$Y = \alpha + \beta_1 X_1$形式的线性回归模型可拟合如下：

$$Y = 9.392 + 0.376X_1 \qquad (5-1)$$

式（5-1）中的$X$系数为0.376，这意味着在不考虑其他因素影响的情况下，领导机制的单位变动将导致37.6%的企业绩效速度正变化。当$X_1$为零时，即在没有公司治理领导机制的情况下，公司的绩效值为9.392。因此，在提高上市公司绩效的同时，重视公司治理的领导机制具有积极的意义。研究结果表明：在5%的显著性水平上，领导机制对上市公司绩效有显著影响，而假设5-4的零假设被否定。

### （二）领导力构成与公司绩效的回归分析

领导力构成与公司绩效的回归分析和相关系数分析结果见表5-8和表5-9。

表5-8 领导力构成方差分析

| 模型 | 平方和 | 自由度 | 均方 | F分布值 | 显著性 |
|------|------|------|------|------|------|
| Regression | 597.496 | 1 | 597.496 | 55.746 | 0.000[b] |
| Residual | 2990.374 | 279 | 10.718 | — | — |
| Total | 3587.870 | 280 | — | — | — |

注：因变量为企业绩效，预测变量为常数与领导机制。

表5-9 领导力构成相关系数

| 模型 | 非标准化系数 | | 标准化系数 | T分布值 | 显著性 |
|------|------|------|------|------|------|
| | B值 | 标准差 | 贝塔分布 | | |
| （常数） | 7.857 | 1.020 | — | 7.700 | 0.000 |
| 领导力构成 | 0.460 | 0.062 | 0.408 | 7.466 | 0.000 |

注：因变量为企业绩效。

表 5 - 8 显示，领导力构成具有统计学意义，其 P 值小于 0.05（$p = 0.000$）。根据表 5 - 9，$Y = \alpha + \beta_2 X_2$ 形式的线性回归模型可拟合如下：

$$Y = 7.857 + 0.460X_2 \qquad (5 - 2)$$

式（5 - 2）中的 X 系数为 0.460，这意味着在不考虑其他因素影响的情况下，领导层组成的单位变化将导致 46% 的公司绩效速度正变化。当 $X_2$ 为零时，即在没有公司治理领导机制的情况下，公司的绩效价值为 7.857。因此，在提高上市公司绩效的同时，重视公司治理的领导力构成具有积极的意义。研究结果表明，在 5% 显著性水平上，领导力构成对上市公司绩效有显著影响，而假设 5 - 5 被否定。

### （三）领导独立性与公司绩效的回归分析

领导独立性与公司独立性的回归分析和相关系数分析结果见表 5 - 10 和表 5 - 11。

表 5 - 10　　　　　　　　　领导独立性方差分析

| 模型 | 平方和 | 自由度 | 均方 | F 分布值 | 显著性 |
|---|---|---|---|---|---|
| Regression | 521.409 | 1 | 521.409 | 47.440 | 0.000[b] |
| Residual | 3066.461 | 279 | 10.991 | — | — |
| Total | 3587.870 | 280 | — | — | — |

注：因变量为企业绩效，预测变量为常数与领导独立性。

表 5 - 11　　　　　　　　　领导独立性相关系数

| 模型 | 非标准化系数 | | 标准化系数 | T 分布值 | 显著性 |
|---|---|---|---|---|---|
| | B 值 | 标准差 | 贝塔分布 | | |
| （常数） | 7.675 | 1.129 | — | 6.795 | 0.000 |
| 领导独立性 | 0.465 | 0.068 | 0.381 | 6.888 | 0.000 |

注：因变量为企业绩效。

表 5 - 10 显示，领导独立性具有统计学意义，其 P 值小于 0.05（$p = 0.000$）。根据表 5 - 11，$Y = \alpha + \beta_3 X_3$ 形式的线性回归模型可拟合如下：

$$Y = 7.675 + 0.465X_3 \qquad (5 - 3)$$

式（5 - 3）中的 X 系数为 0.465，这意味着在不考虑其他因素影响的情况下，领导独立性的单位变化将导致 46.5% 的企业绩效速度发生正变化。当 $X_3$ 为零时，即在没有公司治理领导机制的情况下，公司的绩效价值为 7.675。因此，在提高上市公司绩效的同时，重视公司治理的领导独立性具有积极的意义。研究结果表明，在 5% 的显著性水平上，领导独立性对上市公司绩效有显著影响，而假设 5-5 被否定。

### （四）所有者领导力与公司绩效的回归分析

表 5-12 和表 5-13 显示了所有者领导与公司独立性的回归分析和相关系数分析结果。

表 5-12                                             所有者领导力方差分析

| 模型 | 平方和 | 自由度 | 均方 | F 分布值 | 显著性 |
|---|---|---|---|---|---|
| Regression | 668.086 | 1 | 668.086 | 63.839 | 0.000[b] |
| Residual | 2919.784 | 279 | 10.465 | — | — |
| Total | 3587.870 | 280 | — | — | — |

注：因变量为企业绩效，预测变量为常数与所有者领导力。

表 5-13                                             所有者领导层相关系数

| 模型 | 非标准化系数 | | 标准化系数 | T 分布值 | 显著性 |
|---|---|---|---|---|---|
| | B 值 | 标准差 | 贝塔分布 | | |
| （常数） | 7.284 | 1.026 | — | 7.100 | 0.000 |
| 所有者领导力 | 0.478 | 0.060 | 0.432 | 7.990 | 0.000 |

注：因变量为企业绩效。

表 5-12 显示，所有者领导力具有统计学意义，其 P 值小于 0.05（$p = 0.000$）。根据表 5-13，$Y = \alpha + \beta_4 X_4$ 形式的线性回归模型可拟合如下：

$$Y = 7.284 + 0.478X_4 \qquad (5-4)$$

式（5-4）中的 $X$ 系数为 0.478，这意味着在不考虑其他因素影响的情况下，所有者领导层的单位变动将导致 47.8% 的公司绩效速度正变化。当 $X_4$ 为零时，即在没有公司治理所有者领导的情况下，公司的绩效价值为 7.284。因此，在提高上市公司绩效的同时，重视公司治理中的所有者领导具有积极的意义。研究结果表明，在 5% 的显著性水平上，所有者领导对上市公司绩效有显著影响，而假设 5 – 6 被否定。

### （五）外部领导力与公司绩效的回归分析

外部领导与公司独立性的回归分析和相关系数分析结果见表 5 – 14 和表 5 – 15。

表 5 – 14　　　　　　　　　　　外部领导力的方差分析

| 模型 | 平方和 | 自由度 | 均方 | F 分布值 | 显著性 |
| --- | --- | --- | --- | --- | --- |
| Regression | 119. 829 | 1 | 119. 829 | 9. 640 | 0. 002[b] |
| Residual | 3468. 041 | 279 | 12. 430 | — | — |
| Total | 3587. 870 | 280 | — | — | — |

注：因变量为企业绩效，预测变量为常数与外部领导力。

表 5 – 15　　　　　　　　　　　外部领导力相关系数

| 模型 | 非标准化系数 | | 标准化系数 | T 分布值 | 显著性 |
| --- | --- | --- | --- | --- | --- |
| | B 值 | 标准差 | 贝塔分布 | | |
| （常数） | 12. 206 | 1. 029 | — | 11. 858 | 0. 000 |
| 外部领导力 | 0. 210 | 0. 068 | 0. 183 | 3. 105 | 0. 002 |

注：因变量为企业绩效。

表 5 – 14 显示，外部领导在统计学上具有显著性，其 P 值小于 0. 05（$p = 0.002$）。根据表 5 – 15，$Y = \alpha + \beta_5 X_5$ 形式的线性回归模型可拟合如下：

$$Y = 12.206 + 0.210 X_5 \tag{5-5}$$

式（5 – 5）中的 $X_5$ 系数为 0. 21，这意味着在不考虑其他因素影响的情况下，外部领导层的单位变动将导致 21% 的公司绩效速度正变化。当 $X_5$ 为零时，即在没有公司治理外部领导的情况下，公司的绩效值为 12. 206。因此，在提高上市公司绩效的同时，重视公司治理的外部领导具有积极的意义。研究结果表明，在 5% 的显著性水平上，外部领导对上市公司绩效起到了积极的作用，而假设 5 – 7 被否定。

### （六）多元线性回归模型

所有自变量的方差分析（见表 5 – 16）表明，考虑到 95% 置信水平下的 P 值小于1，本研究中的回归模型（拟合方程 $Y = \alpha + \beta_1 X_1 + \beta_2 X_2 + \beta_3 X_3 + \beta_4 X_4 + \beta_5 X_5 + \mu$）具有统计学意义。

表5-16  独立变量的方差分析

| 模型 | 平方和 | 自由度 | 均方 | F分布值 | 显著性 |
|---|---|---|---|---|---|
| Regression | 1586.257 | 5 | 317.251 | 43.587 | 0.000[b] |
| Residual | 2001.612 | 275 | 7.279 | — | — |
| Total | 3587.870 | 280 | — | — | — |

注：因变量为企业绩效，预测变量为常数、领导机制、领导构成、领导独立性、外部领导与所有者领导。

根据表5-17的分析结果，综合所有自变量建立的线性回归模型显示，所有自变量的系数均为正，表明所有自变量对样本公司的企业绩效都有正贡献。通过拟合方程 $Y = \alpha + \beta_1 X_1 + \beta_2 X_2 + \beta_3 X_3 + \beta_4 X_4 + \beta_5 X_5 + \mu$ 构建的多元线性回归模型如式（5-6）。

$$Y = 0.263X_1 + 0.369X_2 + 0.274X_3 + 0.336X_4 + 0.104X_5 - 6.542 \qquad (5-6)$$

表5-17  自变量系数

| 模型 | 非标准化系数 | | 标准化系数 | T分布值 | 显著性 |
|---|---|---|---|---|---|
| | B值 | 标准差 | 贝塔分布 | | |
| （常数） | -6.542 | 1.554 | — | -4.211 | 0.000 |
| 领导机制 | 0.263 | 0.053 | 0.229 | 5.001 | 0.000 |
| 领导力构成 | 0.369 | 0.052 | 0.328 | 7.155 | 0.000 |
| 领导独立性 | 0.274 | 0.058 | 0.225 | 4.752 | 0.000 |
| 所有者领导力 | 0.336 | 0.052 | 0.303 | 6.414 | 0.000 |
| 外部领导力 | 0.104 | 0.053 | 0.090 | 1.970 | 0.050 |

注：因变量为企业绩效。

基于上述分析，整个模型的P值小于0.05，这意味着该模型具有统计学意义。因此，在本研究的基础上可以得出结论：所有自变量对因变量的变化都有显著的正向影响，上市公司的业绩处于95%的置信水平。从拟合方程的系数可以看出，领导力构成对企业绩效的影响最大，其次是所有者领导；外部领导对公司绩效的影响最小，但在95%的置信水平下，这种影响仍然显著。

## 五、建议和讨论

### （一）建议

根据本书的研究结果，提出了以下改善公司治理、提升上市公司绩效的建议。

1. 完善公司治理的领导机制

上市企业应提升公司治理的战略高度，构建良好的公司治理结构，制定公司治理规划和实施策略。根据《中国上市企业管理条例和法律》，建立监事会、董事会、管理委员会等公司治理和管理机构，完善各公司治理管理机构的规章制度，明确管理机构的职责和权力，确保公司治理机构的合法高效运行。

2. 优化公司治理的领导力构成

领导力构成是公司治理实施的主体，直接关系公司治理的有效性，进而影响上市公司的绩效。公司治理管理机构，特别是董事会的人员构成方面，应由公司发展所需的行业、法律事务、财务、政府事务和运营事务领域的人才和专家组成；同时，促进对公司使命、愿景和整个公司治理的理解，并通过公司治理管理组织成员积极获取企业发展的需求。上市公司可以通过这些措施来优化领导结构，提高公司绩效。

3. 提高公司治理中领导层的独立性

上市企业应当确保公司治理（包括股东会、董事会、监事会等）的独立性，按照规章制度履行各自的职责，参与各项管理活动。同时，要建立解决利益冲突的机制，避免董事长和总裁由一人担任；建立独立董事绩效薪酬管理制度，确保独立董事有足够的动力参与公司管理。通过这些措施，上市公司可以提高领导独立性和公司绩效。

4. 加强所有者对公司治理的领导

在福建上市公司中，所有者领导对公司绩效有显著的正向影响。可以采取相应措施加强企业所有者的领导，提升公司治理水平，从而促进公司绩效的提高。为避免股份过度集中，第一大股东不应绝对持有股份（超过50%）；确保有关心公司长期发展的大股东（持股比例在30%～50%）；确保公司所有者通过股东会、董事会等公司治理机构参与公司治理事务，防止大股东侵害公司利益机制；将适当的股份国有化可以为企业的发展争取一定的政府资源。

5. 增强外部领导力在公司治理中的影响力

外部领导层对上市公司绩效有显著的正向影响，虽然影响相对较小，但随着上市公司管理的公开和透明，外部利益相关者在上市公司发展中发挥着越来越重要的作用。上市公司可以通过以下措施改善外部领导力对公司绩效的影响：认真做好上市企业合规工作，配合证监会、税务和地方政府管理部门的监管，重视企业社会责任，提升企业形象，注重媒体和公众对公司的监督，关注债权人的诉求，保护业绩所有人的权益，诚实守信，关注上下游合作企业的关系，建立战略联盟关系。

### （二）研究建议

首先，影响公司治理有效性的因素很多。本章选取领导机制、领导构成、领导独立性、外部领导和所有者领导五个因素作为自变量，尽管通过调查数据分析验证了自变量及其构成的可靠性和有效性。然而，这些因素的选择主要是基于西方发达国家的治理经验，我们应该结合中国上市公司的背景，进一步研究公司治理的构成要素。

其次，根据上市企业的行业类别，选取了少量上市企业作为研究样本。鉴于我国有 4000 多家上市公司，有必要选择更广泛的企业样本进行研究，以增加研究结果的普遍性，并进一步探索本书研究概念框架和结论的有效性。

再次，本书分析的数据主要是通过李克特量表获得的，李克特量表是从上市公司员工对自己企业的评价中得出的。在填写问卷时，受访者会受到被自身认知、情绪和公司环境的影响而偏离真实情况。因此，有必要探索公司治理影响因素的评价方法，以提高数据的准确性。

最后，根据第四章对所有自变量对因变量影响的综合分析，五个自变量可以解释 26.5% 的因变量，这是相当高的。然而，这也意味着上市公司 73.5% 的业绩变化可以用其他变量来解释。因此，我们可以从更广泛的因素，包括文化、金融和国际化等方面考虑影响公司治理的其他因素，并分析它们对上市公司业绩的影响。

# 第六章　本书结论与展望

本书首先对董事会、董事、领导力、公司治理、公司绩效等基本核心概念及理论基础进行阐述；其次对从董事会领导力与公司治理、董事会领导力与企业绩效评估、公司治理与企业绩效评估三个维度，分析了三者之间的作用机理，并尝试创建高效化与职业化的董事会领导力框架、基于企业绩效评估的异性董事会领导力模型与基于公司治理的企业绩评估方案；最后分别对民营企业董事会与企业绩效的关系、国有控股企业董事会行为与公司绩效关系、科技创新型企业公司治理与企业绩效的关系、董事会领导力对企业绩效关系进行了实证分析。

对民营企业董事会与企业绩效关系的实证研究，指出民营企业可以通过改善投资者关系、引进战略投资者与调整股权表决权来优化股权结构，建立董事培训制度、完善董事会专门委员会制度来完善董事会制度，强化监督责任考核，设计股权激励方案、完善绩效考核、强化声誉激励来健全高管理激励机制，从而改善公司治理结构，促进企业绩效水平提高。

对国有控股企业董事会行为与公司绩效关系的实证研究，指出董事会首先在规范运作基础上，进行制度创新，建立董事会内外快捷沟通的方式、充分发挥独立董事的作用、注重董事能力的培养、信息披露公开透明，同时，明确董事会考核机制及目标，完善董事激励机制，有助于提升企业董事会行对公司绩效的正向影响。

对科技创新企业公司治理与企业绩效关系的实证研究，指出通过科技创新企业需要加强公司内部治理、建立合理的股权结构、完善外部治理，采取建立多元化的股权结构、以机构法人形式向高科技公司投资，国有股权代表机构成为公司的法人股东的形式解决高科技公司中国有股份的所有者缺位问题，来提升公司治理绩效。

对董事会领导力对企业绩效关系的实证研究，指出通过建立监事会、董事会、管理委员会等公司治理和管理机构完善公司治理的领导机制，提高公司治理中领导层的独立性，加强企业所有者对公司治理的领导，增强外部领导力在公司治理中的影响力，达到提升企业治理领导力的效果。

本书探讨了董事会特征、公司治理领导力与企业绩效之间的基本关系，得出一些结论并有针对性地提出相关建议，但依然有许多值得进一步完善和深入的地方。一是董事会特征的作用有待进一步探讨。根据现有研究，董事会特征一定程度会对公司治理领导力和企业绩效具有影响，公司治理领导力对企业绩效具有影响，但在研究过程中，较少考虑到其他变量的影响，忽略其他变量的调节作用，有待进一步研究。二是研究方法有待进改进。本研究进行实证分析的数据来自上市公司年报，或者来源于问卷形式的调查，单个实证研究的数据来源比较单一，因此在分析上具有一定的局限性和失真性，后期做相关研究应尽量采用多样形式获取数据，以保证数据的质量。三是研究对象能够进一步细化。本书中实证研究选取样本截面不尽合理，后续研究可进一步在研究对象上做文章，根据不同行业类型进行多方面的研究，并将多个截面的研究结果进行对比分析。

# 参 考 文 献

[1] 曹海俊. 董事会领导下的总经理负责制与合营企业的纠纷 [J]. 经营与管理, 2011 (1)：27-30.

[2] 曹廷求, 阮佳佳, 王倩. 董事会自主治理与公司绩效——基于2007年上市公司治理调查的实证研究 [J]. 山西财经大学学报, 2010, 32 (9)：89-97.

[3] 柴文静. 紧急继承人计划 [J]. 二十一世纪商业评论, 2010 (9)：45-48.

[4] 陈晨, 罗云轩. 金融供给侧结构性改革与上市公司去杠杆化和异质债务治理 [J]. 现代企业, 2019 (11)：90-91.

[5] 陈素琴, 郑丹峰. 家电企业多元化经营与财务绩效相关性研究 [J]. 会计通讯, 2017 (12).

[6] 陈雪松, 韩秀华. 独立董事：激励困境与对策 [J]. 天津大学学报（社会科学版）, 2004 (3)：262-265.

[7] 陈玉梅. 大股东治理是否提高了企业内部控制的有效性？[J]. 会计新闻, 2018 (5)：42-44.

[8] 陈涛陈, 怡雪. 独立董事社会资本与创业板企业绩效 [J]. 会计之友, 2017 (19)：103-109.

[9] 成伟绩. 浅析董事会职能在公司治理中的作用 [J]. 当代经济, 2011 (2)：70-71.

[10] 程建岗. 让专业委员会更得力 [J]. 董事会, 2011 (5)：66-67.

[11] 程晓玲, 王怀明. 公司治理对内部控制有效性的影响 [J]. 审计研究, 2008 (4)：53-61.

[12] 邓中华, 闫敏. 中国管理研究的关键时刻——专访徐淑英教授 [J]. 管理学家：实践版, 2011 (11)：32-42.

[13] 董毓华. 不破不立：家族企业领导力变革 [J]. 企业管理, 2018, 443 (7)：68-71.

[14] 杜学胜等. 企业安全领导力研究进展 [J]. 中国安全科学学报, 2010, 20 (2)：130-136.

[15] 葛文杰. 上市公司董事会治理与公司绩效关系的文献综述 [J]. 产业与科技论坛, 2011 (9): 116 – 118.

[16] 郝云宏, 周翼翔. 董事会结构、公司治理与绩效——基于动态内生性视角的经验证据 [J]. 中国工业经济, 2010 (5): 110 – 120.

[17] 胡锋, 赵蓓. 我国独立董事制度存在问题、成因探讨及建议 [J]. 现代管理科学, 2014 (4): 102 – 104.

[18] 胡灿, 毛美华, 余菲. 公司治理中利益主体之间的博弈分析——以董事会、监事会和经理三者间博弈为例 [J]. 中国商论, 2012 (25): 139 – 140.

[19] 胡加明, 吴迪. 股权结构与企业绩效之谜 [J]. 东岳论丛, 2020, 41 (10): 97 – 113.

[20] 胡笑旋, 陈意. 深度不确定环境下的决策分析方法——研究现状与展望门控制与决策, 2015 (3): 385 – 394.

[21] 黄辉荣. 创新生产管理模式促进企业快速发展 [J]. 安徽科技, 2013 (12): 21 – 23.

[22] 凯瑟琳·K. 米尔斯娜. 如何整合企业领导力? [J]. 法人, 2014 (1): 52 – 54.

[23] 李明富. 保险业 IT 治理进行时——当 IT 遭遇治理——我国保险业 IT 治理建设现状分析与思考 [J]. 金融电子化, 2011 (9): 25 – 27.

[24] 李蓝波. "一股独大" 背景下的独立董事困局与破解探索 [J]. 经济问题探索, 2008 (10): 144 – 148.

[25] 李士梅, 李安. 国有持股比例与企业绩效关系测度——基于高端装备制造业的面板门槛模型 [J]. 江汉论坛, 2018 (8): 36 – 42.

[26] 李豫湘, 孟祥龙. 董事会作用、信息披露与公司治理绩效的研究 [J]. 现代管理科学, 2010 (5): 93 – 94.

[27] 李春歌. 上市公司独立董事制度: 现状及改革思路 [J]. 国际经济合作, 2012 (9): 79 – 82.

[28] 刘柏, 郭书妍. 董事会人力资本及其异质性与公司绩效 [J]. 管理科学, 2017, 30 (3): 23 – 34.

[29] 刘霜. 董事会异质性对上市公司绩效的影响 [D]. 南京: 南京大学, 2018.

[30] 刘天鹏, 李平, 沈琨. 董事会会议频率、独董工作地点与公司成长——来自创业板公司的数据 [J]. 时代经贸, 2018 (34): 6 – 7.

[31] 刘洋, 赵伟. 创业板上市公司董事会规模、稳定性与公司绩效关系研

究 [J]. 新会计, 2013 (11): 5 – 8.

[32] 孟祥龙. 董事会制度特征及其与公司治理绩效的相关研究 [D]. 重庆: 重庆大学, 2010.

[33] 缪静颖. 独董比例对企业绩效的影响研究 [J]. 广西质量监督导报, 2020 (10): 206 – 207.

[34] 米雪, 冯国忠. 两职合并、总经理薪酬与企业绩效关系研究——以医药上市企业为例 [J]. 中国药学经济学, 2018 (3): 25 – 29.

[35] 钱士茹, 洪波. 所有制结构异质性、董事会规模和企业绩效波动 [J]. 太原理工大学学报 (社会科学版), 2016, 34 (6): 34 – 40.

[36] 秦合舫. 柳传志的最后一个大弯 [J]. IT 时代周刊, 2010 (9): 69 – 69.

[37] 申世永. 上市公司董事会应当有 7 名职工代表的探索——在中小股东近乎全部出席股东大会的公司治理模式下 [J]. 经济研究导刊, 2010 (17): 20 – 26.

[38] 沈萍. 公司治理与企业竞争力——基于董事会治理效率视角 [J]. 兰州商学院学报, 2010, 26 (5): 108 – 112.

[39] 沈沁. 航空制造企业董事会会议次数与公司绩效关系分析 [J]. 管理工程师, 2016, 21 (2): 18 – 21.

[40] 石思玲, 陈思璇. 沪深主板上市公司产权性质、公司治理与企业绩效的关系 [J]. 现代企业, 2015 (10): 56 – 57.

[41] 宋晓琳. 连锁董事对公司治理与企业绩效影响的理论综述 [J]. 广西财经学院学报, 2013 (4): 112 – 115.

[42] 苏坤. 董事会异质性对公司股价崩盘风险的影响研究 [J]. 当代经济管理, 2020, 42 (10): 17 – 26.

[43] 孙玥璠, 宋迪. 高管领导力与组织双元能力关系述评及展望: 基于国有企业改革背景 [J]. 北京工商大学学报 (社会科学版), 2016, 31 (3): 108 – 117.

[44] 谭丽燕. 公司治理特征对内部控制质量的影响 [J]. 会计通讯, 2019 (5): 52 – 55.

[45] 谭晓芬, 李元. 新兴市场国家非金融企业债务: 现状、成因、风险与对策 [J]. 国际经济评论, 2018 (5): 61 – 77.

[46] 汪满健. 董事会与公司治理文献综述 [J]. 世界经济情况, 2010 (9): 92 – 95.

[47] 王璐. 董事会领导结构与公司治理绩效 [J]. 合作经济与科技, 2014 (5): 67-68.

[48] 王廷良, 韩玉, 王娜. 上市公司治理与企业绩效研究现状 [J]. 中外企业家, 2010 (13): 61-66.

[49] 王新华. 浅论董事会在企业集团子公司治理中存在的问题及应对措施 [J]. 现代经济信息, 2013 (18): 81-81.

[50] 王跃堂, 赵子夜, 魏晓雁. 董事会的独立性是否影响公司绩效? [J]. 经济研究, 2006 (5): 62-73.

[51] 王旻. 企业董事会规模与企业绩效实证分析 [J]. 中国集体经济, 2022 (4): 45-48.

[52] 王雪瑶. 公司治理变革下财务领导力的重要性 [J]. 纳税, 2018 (2): 112-112.

[53] 王玉泽, 罗能生, 刘文斌. 什么样的杠杆率有利于企业创新 [J]. 中国工业经济, 2019 (3): 138-155.

[54] 席艳玲, 吴英英. 董事会特征、公司治理与银行绩效——基于我国 14 家商业银行面板数据的实证分析 [J]. 现代管理科学, 2012 (9): 47-50.

[55] 席西民, 张晓军, 李怀祖. 改善党委领导下校长负责制管理有效性的思路 [J]. 高教探索, 2011 (4): 8-10.

[56] 肖钢. 党管人才是国有银行人才工作的重要原则 [J]. 中国金融, 2011 (13): 43-45.

[57] 肖挺, 刘华, 叶芃. 高管团队异质性与商业模式创新绩效关系的实证研究: 以服务行业上市公司为例 [J]. 中国软科学, 2013 (8): 125-135.

[58] 谢永珍, 徐业坤. 基于董事会特征的上市公司治理风险预警模型 [C]//中国管理学年会, 2010.

[59] 谢永珍. 公司治理 2.0 时代的董事会评价创新——由结构到文化、行为与绩效 [J]. 清华管理评论, 2016 (Z1): 91-97.

[60] 薛有志, 王磊. 独立董事参与、行业经验与公司战略转型 [J]. 现代管理科学, 2015 (4): 6-8.

[61] 星怡, 刘澄, 皇甫, 玉婷. 如何成为优秀的公司? 公司治理与企业社会责任的关系——基于绩效评估的角度 [J]. 中国管理信息化, 2016, 19 (5): 78-81.

[62] 杨静. 董事会治理与企业绩效实证研究——以民营上市公司为例 [J]. 经营管理者, 2012 (16): 25-25.

[63] 杨凯，马剑虹. 变革型和交易型领导力研究的归纳与评价 [J]. 人类工效学，2010，16（1）：57-60.

[64] 叶陈刚，裘丽，张立娟. 公司治理结构、内部控制质量与企业财务绩效 [J]. 审计研究，2016（2）：104-112.

[65] 岳殿民，李雅欣. 法律背景独立董事声誉、法律环境与企业违规行为 [J]. 南方金融，2020（2）：22-31.

[66] 赵向龙. 家族企业董事会会议影响企业绩效吗？ [J]. 上海管理科学，2021，43（5）：75-81.

[67] 宣杰，闫睿，王晓莹，张玉兰，高新宇，张盛俊. 独立董事治理视角下河北省上市公司绩效评价分析 [J]. 河北科技师范学院学报（社会科学版），2021，20（4）：116-122.

[68] 张爱玲. 基于治理结构的会计师事务所合伙文化的探讨 [J]. 商业经济，2015（10）：133-134.

[69] 张红，高帅，张洋. 多重视角下公司治理水平对企业绩效的影响分析——来自房地产上市公司的证据 [J]. 南京审计大学学报，2015，12（2）：3-11.

[70] 张敏彦，黄琼恩，邱英桃. 公司治理董事会结构对无形资产持有比例及对企业经营绩效之影响 [J]. 现代会计，2011（2）：44-48.

[71] 张先治，戴文涛. 公司治理结构对内部控制影响程度的实证分析 [J]. 财经问题研究，2010（7）：89-95.

[72] 张香云. 钢铁行业上市公司治理与企业绩效研究——基于上市公司经验数据的实证分析 [J]. 中国集体经济，2017（12）：18-19.

[73] 张逸茹. 上市证券公司股权结构与公司绩效的实证研究 [J]. 企业改革与管理，2015（19）：12-14.

[74] 郑志刚，梁昕雯，黄继承. 中国上市公司应如何为独立董事制定薪酬激励合约 [J]. 中国工业经济，2017（2）：174-192.

[75] 赵会. 创业板上市公司治理结构与企业绩效关系的实证研究 [J]. 齐鲁珠坛，2013（2）：36-39.

[76] 郑长云. 董事会结构与公司治理绩效的研究 [J]. 中国经贸，2016（2）：116-117.

[77] 智越，邱家学. 我国医药上市公司治理结构与绩效关系评价 [J]. 上海医药，2015（15）：55-58.

[78] 周佰成，邵振文，孙祖珩. 中国上市公司独立董事功能缺失与制度重

塑［J］. 社会科学战线，2017（3）：251 - 255.

［79］周丽. 我国上市零售企业公司治理与企业绩效的关系分析［J］. 现代商业，2013（26）：170 - 171.

［80］朱海珅，闫贤贤. 董事会治理结构对企业内部控制影响的实证研究——来自中国上市公司的数据［J］. 经济与管理，2010，24（1）：55 - 59.

［81］朱健齐，李天成，孟繁邨，翁胤哲. 海峡两岸独立董事设置对企业绩效的影响——基于政策实施的视角［J］. 管理科学，2017，30（4）：17 - 29.

［82］Aras G，Crowther D. Sustainable practice：The real triple bottom line in the governance of risk［M］. Bingley Bd：Emerald Group Publishing Limited，2013.

［83］Barua A，Davidson L F，Rama D V et al. CFO gender and accruals quality［J］. Accounting Horizons，2010，24（1）：25.

［84］Bekiris F V. Ownership structure and board structure：Are corporate governance mechanisms interrelated？［J］. The International Journal of Business in Society，2013，13（4）：352 - 364.

［85］Berle，Means. Corporate entrepreneurship and the pursuit of competitive advantage［J］. Entrepreneurship Theory and Practice，1932，23（3）：47 - 63.

［86］Cornett M M，Marcus A J，Saunders A et al. The impact of institutional ownership on corporate operating performance［J］. SSRN Electronic Journal，2007，31（6）：1771 - 1794.

［87］Dori D，Lara K. Ownership structure，fraud，and corporate governance［J］. Journal of Corporate Accounting Finance，2016，27（2）：110 - 113.

［88］Dutta S，Fan Q. Equilibrium earnings management and managerial compensation in a multiperiod agency setting［J］. Review of Accounting Studies，2014，19（3）：1047 - 1077.

［89］Fama E，Jensen M. Separation of ownership and control［J］. Journal of Law And Economics，2015（26）：301 - 325.

［90］Fernández-Muñiz B，Montes-Peón J M，Vázquez-Ordás C J. Safety leadership，risk management and safety performance in spanish firms［J］. Safety Science，2014（70）：295 - 307.

［91］Ford R C，Gresock A R，Peeper W C. Board composition and CVB effectiveness：Engaging stakeholders that can matter［J］. Tourism Review，2011，66（4）：4 - 17.

［92］Huang J，Kisgen D J. Gender and corporate finance：Are male executives overconfident relative to female executives? [J]. Social Science Electronic Publishing, 2013, 108 (3): 822 –839.

[93] La-Porta R, Lopez De Silanes, F Shleifer, A Vishny. Investor protection and corporate valuation [J]. Journal of Finance, 2012 (57): 1147 –1170.

[94] Larcker D F, Richardson S A , Tuna I. Corporate governance, accounting outcomes and organizational performance [J]. The Accounting Review, 2014 (82): 963 –1008.

[95] Marshall C, Rossman G B. Designing qualitative research [J]. New York: Sage Publications, 2010.

[96] Meckling, Jensen. The correlates of entrepreneurship in three types of firms [J]. Management Science, 1976, 29 (7): 770 –791.

[97] Mishra S, Mohanty P. Corporate governance as a value driver for firm performance: Evidence from india. Corporate governance [J]. The International Journal of Business in Society, 2014, 14 (2): 265 –280.

[98] Mudashiru A, Bakare O, Ishmael Y. Good corporate governance and organisational performance: An empirical analysis [J]. International Journal of Humanities and Social Science, 2014, 4 (7): 170 –178.

[99] Oliver Hart. Corporate governance some theory and implications [J]. The Economic Journal, 1995 (105): 678 –689.

[100] Opiyo E. Effects of corporate governance on insider trading a case of listed companies on nairobi securities exchange [J]. Prime Journal of Business Administration and Management, 2013, 3 (10): 1202 –1224.

[101] Richard Isaac. The dissertation journey: Contribution of corporate governance leadership practices on performance of listed companies in kenya [D]. Kenya University, 2017.

[102] Saidi M, Shammari B. Ownership concentration, ownership composition and the performance of the kuwaiti listed non-financial firms [J]. International Journal of Commerce and Management, 2015, 25 (1): 108 –132.

[103] Santanu M, Mahmud H. Corporate governance attributes and remediation of internal control material weaknesses reported under sox section [J]. Review of Accounting and Finance, 2012, 10 (1) : 25 –29.

[104] Shleifer A, Vishny R W A. Survey of corporate governance [J]. The Journal of Finance, 1997, 52 (2): 737 –783 .

[105] Srivastava A, Lee H. Predicting order and timing of new product moves: The role of top management in corporate entrepreneurship [J]. Journal of Business Venturing, 2005, 20 (4): 459 – 481.

[106] Tara J Radin. 700 families to feed: The challenge of corporate citizenship [J]. Vanderbilt Journal of Transnational Law, 2003 (3): 640.

[107] Wu T C. Safety leadership in the teaching laboratories of electrical and electronic engineering departments at Taiwanese Universities [J]. Journal of Safety Research, 2008, 39 (6): 599 – 607.